LA CONVERSION DE VIKI

Ils étaient adolescents dans une petite bourgade de la banlieue abidjanaise. Là-bas, le soleil était moins gourmand à dévorer le temps. Sous la pression familiale, tous se devaient d'être assidus à l'école car le gouvernement de l'époque redoublait d'efforts pour que l'éducation soit une priorité. Il encourageait toute la population avec les moyens disponibles. Viki et ses amis du quartier devaient entrer au cours élémentaire, mais ils avaient été répartis dans les différentes classes et ne pouvaient désormais se voir que pendant la récréation. Aujourd'hui, premier jour d'école, il était difficile pour certains de retrouver leur classe, car l'effectif était important.

À cela s'ajoutait une communication difficile pour les enseignants du primaire, car les enfants ne parlaient aucun mot de français. Quant aux familles, elles portaient toute leur attention sur leurs enfants et leur parcours, en espérant que ceux-ci leur apportent la joie. C'était une bonne chose, mais ceux qui portaient le pantalon kaki représentaient l'honneur, contrairement aux écoliers. Ceux qui entraient à l'université étaient des enfants vénérés et ils étaient les premiers à être conviés aux réunions de famille. Viki voulait en faire partie. Il se battait pour avoir son nom au tableau d'honneur. Ainsi, dès quatre heures du matin, devant sa petite lampe à pétrole, il faisait sa lecture et écrivait beaucoup, surtout les textes tirés du livre Le syllabaire. À l'école, bien que trop réservé, le jeune garçon était apprécié de ses amis. Il était la chasse gardée des filles.

À 17 heures, quand la cloche sonna la fin des cours, une jeune fille, la plus grande de la classe, ramassa les effets scolaires de Viki et l'accompagna chez lui. Elle aimait bien ce jeune garçon que les filles voulaient toutes pour copain. Mais comment pouvait-il rentrer chez lui sans ses effets scolaires ? Il alla alors chercher l'un de ses cousins que la fille ne connaissait pas. Celui-ci passa derrière la jeune fille et lui arracha de force les affaires de Viki avant de s'enfuir tous les deux. Viki se sentait trop content d'être débarrassé d'elle. Comme partout, la vie scolaire, c'était un climat de jeu et d'amitié sympathique.

L'école comptait plusieurs enseignants, mais un en particulier a marqué l'esprit de tous. Nommé Monsieur GJR, cet homme d'une trentaine d'années était toujours bien coiffé, et il conservait à la main un briquet doré avec son paquet de cigarettes.

Il fumait comme une cheminée. D'un tempérament cruel envers ses élèves, il n'avait d'égard pour personne, ni ses collègues ni le directeur d'établissement. En plus de se vanter continuellement de ses connaissances en arts martiaux, il prenait plaisir à mal agir. Quand il n'éteignait pas ses mégots de cigarettes sur le corps des garçons, il pressait le sein des filles pour leur faire mal ou mettait du jus d'orange dans le nez de certains. À ses yeux, il n'y avait pas de distinction entre le bon élève et le mauvais. Les élèves de sa classe ont ainsi vécu comme cela toute une année scolaire, témoins quotidiens de l'horreur d'un homme sans scrupules.

À cette époque, très peu de parents étaient instruits. Et les élèves ne se seraient jamais plaints auprès d'eux, car la majorité vivait seule avec le maigre moyen que leur laissait leur famille.

Du fait que les parents ne sachent souvent ni lire ni écrire, les rapports d'un élève sur un enseignant ne pouvaient être considérés, excepté en cas de blessure peut-être. Car on frappait beaucoup en ce temps-là. Il arrivait parfois qu'un parent vienne en classe demander à l'enseignant de bien corriger son propre fils. Face à de telles paroles, l'élève ne pouvait qu'observer le silence ou la peur. Donner le droit à un instituteur de porter des coups à un enfant est pourtant la chose la plus absurde que l'on puisse faire, et cela est bien pire encore lorsque ce droit est offert par le parent.

Dans l'esprit d'un père agissant ainsi, c'était tout simplement le moyen pour l'enfant de s'attacher à ses études.

Monsieur GJR, quant à lui, n'attendait pas que l'on vienne lui offrir gracieusement ce droit. Cet homme était foncièrement sévère.

Il était marié à une femme riche qui lui offrait de belles choses, et il était toujours le mieux vêtu avec son style BCBG. Fier de ce qu'il possédait, tout ce qu'il portait avait un prix élevé, ce qui était en contradiction avec son maigre salaire d'instituteur. Tout cela suscitait les interrogations de ses collègues, qui se demandaient qui pouvait être cette folle qui avait rendu cet homme si gonflé. Un jour, où il avait fini son paquet de craies avant la date fixée par le directeur, il se rendit dans le bureau de celui-ci pour en demander de nouvelles. Le ton monta rapidement et les deux hommes se retrouvèrent dans la cour de l'établissement à s'engueuler aux yeux de tous. Un sentiment de joie emplit tous les regards face aux agissements sans état d'âme de cet enseignant.

Tous n'attendaient qu'une chose avant que les autres enseignants n'interviennent : que le directeur lui mette une bonne raclée. Puis, les mois s'écoulèrent.

 Les élèves venaient de passer l'examen d'entrée au collège et le taux d'admis était lamentable dans cette classe. Tous les élèves de Monsieur GJR quittèrent alors l'établissement. Viki, lui, obtint son certificat avec joie, mais il ne put entrer au collège pour insuffisance de points. Son père l'éloigna donc du milieu scolaire et le jeune garçon se retrouva à la rue, à tout juste quinze ans. Il se nourrissait d'ananas matin, midi et soir, et menait une vie ascétique. Un jour, sur son passage, il ramassa une bible déchirée que l'on avait jetée. Il s'en servait pour draguer les filles. À ses yeux, les textes tirés du livre du Roi Salomon étaient très enrichissants. Avec les jolis poèmes qu'il y trouvait, les filles le prenaient pour l'auteur de ces vers.

Elles n'ont cependant jamais su d'où venaient ces phrases bien construites et ces paroles poétiques qui vénéraient la femme. Elles aimaient beaucoup le jeune garçon, mais il préférait se préserver du mal originel que pouvait commettre son corps.

Cécile, qui portait le surnom de Bassin, était sa préférée. Elle était très jolie. Le soir, il se rendait dans le quartier où elle habitait. Il était difficile d'entrer dans une cour et de demander à parler à une fille. C'était une chose impossible pour des adolescents. Les parents ne percevaient pas la relation amicale qui pouvait lier un jeune garçon à une jeune fille. Ils ne voyaient que le sexe.

Ils se disaient que cela n'existait pas et que le sexe finirait par intervenir un jour ou l'autre. Les parents étaient très sévères quand il s'agissait d'une relation entre un garçon et une fille, en faisant presque un interdit.

Viki n'entrait donc pas dans la cour où habitait Cécile, et il faisait le tour de la maison de sorte à se faire voir. Cela suffisait juste à la faire sortir de la maison. Les constructions de là-bas étaient en général de grandes cours où vivaient le père, la mère, le grand-père, la grand-mère, le fils et les petits-fils. Il n'y avait pas de clôture si bien qu'on pouvait passer librement d'une cour à une autre.

Cécile le voyait donc et sortait pour le retrouver au coin de la rue. Tous deux passaient de bons moments ensemble. Mais elle ne sut jamais quelle vie misérable menait le jeune garçon, qui avait quitté très tôt l'école.

Cécile, elle, était attachée à ses études. Elle rentrait toujours avec de bonnes notes et ses parents étaient fiers d'elle. Elle était une fille très brillante. Alors les sorties le soir, durant une heure ou deux, ne gênaient pas du tout.

Leurs relations paraissaient solides jusqu'à ce qu'elle ne quitte le village pour regagner la capitale et entrer au collège. Le jeune garçon se retira dès lors dans ses retranchements.

Tino, le demi-frère, qui venait de rencontrer le seigneur Joshua, prêcha la bonne nouvelle en ces moments douloureux.

Il était élève dans un établissement de la ville, datant de l'époque avant l'indépendance. C'était la première école de la ville et tous les nouveaux élèves s'y faisaient accompagner. Cela ne servait pourtant à rien car, à l'arrivée, les anciens faisaient le bizutage aux nouveaux devant les parents. Mieux valait donc se faire accompagner par un "grand-frère" du lycée, pour avoir la chance d'échapper au massacre. Tino raconta à Viki sa mésaventure quand il était entré au collège. Le jeune garçon paraissait passionné à l'écouter. Un jour, sous un soleil de plomb, les deux frères avançaient en direction de la gare routière, sur la grande voie qui traversait le village. Tino encourageait Viki avec des paroles bibliques pour qu'il ne perde pas espoir. Il devait venir à l'église et prier.

Le jeune garçon suivit ainsi son demi-frère et pénétra dans ce petit temple fait de terre rouge, qui ne comptait qu'une poignée de fidèles. L'assemblée se trouvait à environ deux kilomètres de leur habitation, ce qui ne les empêchait pas d'assister chaque soir au culte.

Le dimanche encore, ils y allaient emplis d'un esprit émerveillé. Dans le temple, on comptait plus d'hommes que de femmes. Tous étaient des jeunes, le plus âgé ayant cinquante ans tout au plus. Il n'avait cependant aucun enfant accompagné et les adolescents étaient en très petit nombre. Et même s'il n'y avait pas de pasteur, la direction de l'église et le culte étaient bien assumés. La première fois que le jeune garçon mis les pieds dans cette église, il écouta les sermons d'un prédicateur audacieux. Pendant le moment des prières, tous priaient à la fois et c'était une véritable cacophonie.

On avait l'impression d'être dans une foire ou un marché aux friperies.

Certains parlaient même une langue bizarre, même si tous étaient du village et qu'il n'y avait aucun allogène parmi eux. Viki s'interrogeait : « Comment ? D'où vient cette langue ? Que disent-ils ? » Les fidèles faisaient également parfois des prédictions. Il se posait beaucoup de questions. Mais avec le temps, il comprit la valeur de ces hommes, qui se refugiaient en Dieu pour échapper au jugement dernier.

C'est comme cela qu'il voyait les choses. Excepté le dimanche, il allait donc au petit temple tous les soirs, jusqu'à ce qu'il devienne un membre actif de cette petite assemblée de fidèles de Dieu.

Mais alors que l'on devait fixer la date du baptême, le jeune garçon ne trouvait jamais l'occasion d'y être. Il ne fut donc baptisé par immersion d'eau que trois ans plus tard.

Ce jour-là, tous les fidèles étaient placés au bord d'une petite rivière, aux côtés d'un pasteur venu de la grande ville. L'eau était claire et le sable fin. Puis tous formèrent un cercle et, pendant la prière, l'esprit dit à Viki de prendre le morceau de bois qui traînait. Mais Viki ne reconnaissait pas la voix de son Père céleste, qui insista pourtant. Dans les minutes qui suivirent, un serpent noir, qui poursuivait un margouillat, traversa le cercle que les fidèles avaient formé. Tout le groupe sursauta et ce fut la panique totale. Le pasteur dut d'ailleurs interrompre sa prière afin que chacun reprenne son souffle. Il passa directement au baptême et chaque fidèle fut plongé dans l'eau au nom de Joshua.

L'église de la Pentecôte dispensait un enseignement trop rigide. C'était un tabou pour les parents et très peu de gens s'y rendaient. Il y avait en effet une poignée de fidèles et, parmi les jeunes de l'âge de Viki, beaucoup étaient persécutés.

Leurs pères les conseillaient d'appartenir aux classes d'âge, ce qui était une tradition très ancienne et obligatoire pour les fils du village. Sinon, ils auraient pu subir des sanctions ou être déclassés, car la tradition faisait partie intégrante de la vie de la tribu. Personne ne pouvait donc se marginaliser. Aussi, chaque tribu comptait un notable au palais royal.

Si un adolescent ne répondait pas à une convocation, son notable était interpellé. Il devait par tous les moyens amener son « petit-fils » à répondre à la convocation ou bien manifester la présence de la famille au sein de laquelle il était le notable. Dans le cas contraire, le notable risquait une sanction. Alors comment les membres d'une église très charismatique pouvaient-ils s'attacher à cette tradition ?

Comment pouvaient-ils appartenir à une classe d'âge qui usait de la sorcellerie ? Si l'homme devait exercer un pouvoir, c'était celui de Dieu et s'il ne devait pas pécher physiquement, il ne devait pas non plus le faire de façon spirituelle.

Il lui fallait s'abstenir du mal physique et spirituel. C'est ainsi que Viki et Tino avaient subi la menace du père, car aucun de ses enfants de sexe masculin n'avait écouté ses conseils. Le climat était morose à la maison. Les enfants étaient attachés à leur Dieu et ils pratiquaient la religion avec fidélité. Quant à leur comportement, il était exemplaire, et ils ne s'attachaient ni à la boisson forte ni à la délinquance. Un dimanche après le culte, Viki et Tino se rendirent chez un guérisseur pour s'en rendre compte de l'etat de santé d'une connaissance un non-croyant mordu par un serpent. Au lieu d'aller à l'hôpital, il préférè s'octroyer les services du guérisseur du coin.

À leur arrivée, ils trouvèrent le patient avec d'autres personnes, tous assis devant le rebouteux. Celui-ci les fit s'assoir sur un banc long de deux mètres, face à lui, sous un gros manguier. Le jeune garçon observa les œufs attachés par un fil noir aux branches du manguier. Il regarda l'arbre avec amertume. Ses yeux scintillaient et la soif d'invoquer Dieu le rongeait.

À un moment, le guérisseur lui hurla dessus : « Eh ! Toi là, si tu es venu faire ta sorcellerie ici, je vais te dépouiller de tes forces. Et d'ailleurs ne me regarde pas. » Le jeune garçon baissa les yeux aussitôt. Quelques amis de sa classe d'âge étaient présents pour soutenir le guérisseur, et l'un d'eux dit : « Jeune homme, relève ta tête et regarde-le, mais éteins ta lumière. »

Viki lui répondit qu'il ne pouvait éteindre sa lumière, et le guérisseur lui demanda alors de partir de chez lui.

Tino et Viki se levèrent donc et rentrèrent dignement chez eux. Le jour-même, avant que la nuit ne tombe, la nouvelle avait déjà parcouru tout le village. Tous racontaient que les enfants de Noa avaient attaqué le guérisseur et que ce dernier les avait renvoyés. L'information finit par parvenir jusqu'aux oreilles de leur père, qui garda le silence.

Il observa ses enfants qui grandissaient et qui obéissaient à tout, sauf à ce qui pouvait les écarter de Dieu. Ils étaient des chrétiens zélés, ce qui conduisit le père à finalement accepter la situation, car après tout, l'église était une autre famille.

Viki ne pouvait pour sa part se défaire de la dévotion avec laquelle il servait Dieu dans cette assemblée, sous un tonnerre de prières régulières. Il faisait même parfois des jeûnes pour que sa foi soit plus inébranlable encore.

Tino finit par regagner la ville et le jeune garçon alla voir son ami d'enfance. À l'époque, Daniel se donna à Dieu et les deux garçons passaient tout leur temps ensemble. Ils se soustrayaient à des moments de jeûne et, lorsqu'ils marchaient, ils avaient le sentiment que leurs pieds ne touchaient plus le sol. Ainsi, leurs journées étaient consacrées à Dieu et rien n'aurait pu les empêcher de se séparer de leur créateur.

Cet être suprême était au coeur de leur vie quotidienne et ils l'aimaient fidèlement. Il arrivait parfois aux frères de quitter le village pour leurs activités professionnelles, souvent à plus de quinze kilomètres. Ils séjournaient alors sur place, une ou deux semaines. À leur retour, bien que fatigués, ils ne manquaient jamais le culte du soir et se rendaient à l'église, même si s'abattait dehors un tonnerre de pluie.

Les deux adolescents avaient décidé de consacrer une journée pour rencontrer les jeunes des églises non évangéliques et prêcher auprès d'eux la bonne nouvelle. De même, en dehors des heures de culte, ils rendaient visite aux fidèles et généralement, aux sœurs qui leur réservaient un plat bien copieux. L'église était en majorité constituée d'hommes et de femmes célibataires.

Mais l'abstinence sexuelle avant le mariage était une condition essentielle pour rester fidèle à Dieu. Et l'église était très rigide sur ce point. Il était bien entendu possible de faillir à cette règle, mais le Saint-Esprit vous connaissait et les prophéties n'auraient pas tardé à vous dénoncer publiquement. Ils ne rataient aucun culte, ni le jour ni le soir. C'était la grande époque du zèle pour les croyants de ce petit lieu, dans le sud du pays. Tous étaient d'une fidélité absolue.

L'église, bien que petite en surface et en nombre, n'en était pas moins pénétrée par la lumière de Dieu. En effet, tous servaient l'Éternel avec fidélité et personne n'aurait eu à l'esprit de jouer avec sa vie spirituelle. Dans les moments d'abstinence, Viki mettait ses mains sur son sexe et priait jusqu'à ce que la température retombe au point zéro. C'était la routine.

Comment un adolescent de son âge pouvait-il fuir le sexe ?

Dans la rue, lorsqu'il voyait une jeune fille avec un joli postérieur, il détournait le regard ou il changeait de trottoir. Sa foi était inébranlable en ce temps-là. Or l'église respirait le dénigrement et la persécution, et une seule chose manquait aux gens du monde, la connaissance. Aussi, il ne fallait pas persécuter un chrétien, car sa foi en aurait été solidifiée. Cela s'appliquait également aux jeunes gens du sexe opposé qui s'aimaient fortement et que, pour diverses raisons, les parents voulaient séparer. Plus ils étaient importunés, plus leur liaison s'intensifiait. C'est ainsi que leur foi devint inébranlable et que Dieu était plus que jamais présent dans leur vie. Ils ne cherchaient pas d'autres plaisirs et le désir d'argent n'affleurait point leur esprit. Leur unique préoccupation était finalement de servir l'Éternel Dieu, et ressembler aux apôtres, Pierre, Paul ou Jean, leur but ultime.

Le jeune garçon se souvenait des choses atroces qu'il avait vues lors des séances de délivrance. On y entendait des cris très forts, des hurlements. Les gens vomissaient souvent, et certains rampaient comme des serpents, tandis que d'autres avaient les yeux rouges comme le sang. Les moments de délivrance étaient difficiles et horribles. Il fallait être soi-même empli de feu pour effectuer une délivrance, au risque d'être fortement attaqué.

Il était le feu, le feu divin. Qui pouvait donc s'opposer à Joshua ? C'était le chant qu'aimaient les croyants pentecôtistes. Quand ils commençaient le cantique, ils étaient victorieux sur l'ennemi. Ils le chantaient avec ferveur et avec un esprit uni, tous animés par une même volonté. Ainsi, le chant était souvent utilisé lors des moments de délivrance et aucun esprit impur ne pouvait résister au feu de Dieu. Les fidèles eux-mêmes faisaient attention.

Ils menaient une vie de privation, sans rapports sexuels avant le mariage, et ils grandissaient en sainteté. Nul ne péchait à la face de Dieu, de peur d'être découvert à l'église. On affirmait que la présence du Saint-Esprit éveillait les dons et que l'on ne pouvait pas franchir le seuil du temple si l'on avait l'esprit impur. Tout seul il crépitait. Il fallait donc être un chrétien d'une fidélité absolue pour rester à l'église de la Pentecôte en ce temps-là.

Un soir, avant le couché, Viki demanda à Dieu de lui montrer ses merveilles. Il était environ quatre heures du matin, lorsqu'il se vit, dans une vision de la nuit, accompagné de son frère Tino. Les deux marchaient et arrivaient à un carrefour, quand une forte lumière descendit sur le jeune garçon et que ses yeux s'ouvrirent. Il aperçut un homme vêtu d'un costume, qui descendait du ciel avec un bouquet de fleurs.

Il le prit par la main et ils montèrent très haut dans le ciel. Puis l'homme disparut et Viki se retrouva seul, suspendu dans l'air. Il vit une terre très pure, d'une pureté incroyable. Il y avait également des maisons sans personne autour et aucune trace d'homme n'était visible sur cette terre. Il s'agissait d'une ville inhabitée, où seul un animal qui ressemblait à un jeune lion se trouvait. L'animal avait un pelage très pur, si lisse qu'on aurait cru que quelqu'un y avait passé un coup de langue. La scène se déroulait sous ses yeux comme un film. C'était beau à voir, trop merveilleux pour y croire. Le matin au réveil, s'étant retiré pour méditer comme à l'accoutumée, l'esprit lui fit connaître le livre de Psaume 1. Il lut :

« 1. *Heureux l'homme qui ne marche pas selon le conseil des méchants et qui ne s'assoit pas en compagnie des moqueurs. Mais qui trouve son plaisir dans la loi de l'Éternel et qui la médite jour et nuit.*

Il est comme un arbre planté près d'un courant d'eau. Qui donne du fruit en sa saison. Et dont le feuillage ne se flétrit point. Tout ce qu'il fait lui réussit. »

Alors le jeune garçon se souvint de son songe et il fut animé d'une joie immense. Dans cette perspective, la persécution s'intensifiait.

Certains des fidèles étaient bastonnés avec des planches, d'autres chassés du domicile familial. Quelques victimes s'en sortaient avec des plaies sur le corps.

Nous allions détruire leur église. Le bruit courrait mais la décision de démolition n'était pas prise. Cela était difficile à entreprendre car l'un des fidèles avait un père honorable dans le village, et une telle décision n'était exécutable qu'avec son approbation. Des années plus tard, Paul tomba malade. Les fidèles se rendirent à son chevet et le malade finit par retrouver le sourire grâce aux prières et aux remèdes. Le frère Paul put reprendre son travail de vendeur dans le supermarché de son père en qualité de chef.

Un jour, alors que nul ne s'y attendait, on annonça la mort soudaine de Paul, dans son lit, aux côtés de son épouse. C'était la consternation chez les fidèles et le calvaire reprit car, celui qui faisait l'espoir de l'église venait de tomber. Les fidèles se demandaient si l'on pouvait s'opposer à la famille du défunt. Il était de coutume de danser autour du mort pour récupérer son âme.

Mais l'église ne pouvait autoriser une telle pratique car la chose sainte ne s'accommodait pas avec celle qui était souillée. Les pentecôtistes se disaient alors qu'ils avaient suffisamment de problèmes pour en ajouter un nouveau. L'un d'eux déclara : « Ne nous opposons pas à la famille. De toutes les façons, ce qui est à Dieu sera Dieu et ce qui est aux hommes leur reviendra. » Parmi les fidèles, un groupe se retrouva dans une chambre et pria. Ils furent rassurés par une vision de la destination de Paul que leur donna l'Éternel.

Le groupe de prière informa alors les anciens de l'église et tous se plièrent à la décision de la famille du défunt. Puis l'enterrement eu lieu, sans aucune messe. Le quatrième mois suivant la mort de Paul, l'autorité coutumière réunit tout le village et les Pentecôtistes furent convoqués. Ils furent la cible de propos fallacieux et calomnieux. Quant aux fils du village, insolents, ils refusèrent à leurs pères de boire des liqueurs fortes et d'en donner à leurs invités. Les parents les accusèrent donc de refuser d'entrer dans les classes d'âge et donnèrent l'ordre de détruire le temple.

Ainsi, les pentecôtistes, qui n'avaient plus de temple, se regroupèrent dans une villa inachevée. Tous les fidèles étaient présents et leur nombre avait même légèrement augmenté. Mais pouvait-on servir Dieu sans affronter la tentation ? La seule condition était de résister pour ne pas tomber.

Au demeurant, la persécution avait certainement a été l'un des facteurs de cette émergence.

Un soir, Viki marchait et arriva au niveau d'une église non évangélique. Il décida d'y entrer pour participer à la messe avec les fidèles. À l'intérieur, il reçut la parole de Dieu en ces mots : « Des jours viendront où cette assemblée empruntera la voie des évangéliques, ainsi parle l'Éternel. » Mais connaissant les pratiques de cette église, il refusa d'annoncer le message.

Les années s'écroulaient et désormais, on pouvait voir dans la majeure partie des églises l'existence de la forme évangélique.

Le jeune homme vit en songe des anciens et des diacres manger de la sauce graine dans le temple. Cette sauce, faite à base de la pulpe de graine de palmier, était prisée dans son village et elle accompagnait les bons poissons. Mais elle était également une sauce très salissante. Le monde spirituel la prit donc en symbole pour indiquer ceux qui se salissaient. Il en parla, mais personne ne prit ses propos au sérieux. Plus tard, il fit un autre songe où il vit un essaim d'abeilles descendre vers l'église et où tous prirent la fuite pour se réfugier où chacun le pouvait. Le jeune homme se retira pour sa part dans un champ de cacaoyers abandonné et se camoufla autant que possible dans une touffe d'herbes.

Des mois plus tard, certains anciens et diacres commirent le péché d'impureté sexuelle avec des sœurs, et ce fut l'église toute entière qui tomba dans le péché.

Beaucoup d'entre eux retournèrent dans le monde et se livrèrent à des actes aussi illicites qu'ignobles. Certains moururent, d'autres connurent la prison, et beaucoup ne revinrent pas de leur mauvaise voie jusqu'à aujourd'hui encore.

Un jour pourtant, la voix de l'Éternel se fit entendre. Il éprouvait de la désolation au ciel pour le croyant qui se détournait de Dieu. C'était comme un deuil familial.

Le voici dans la grande ville, et c'était la java. Viki se livra à l'alcool, des filles à ses côtés, et en particulier les plus belles du quartier. On l'appelait Maqui, car il était toujours bien coiffé, bien habillé, et car il aimait s'appliquer des pommades pour s'embellir le teint. L'homme aimait le maquillage. Viki fit alors la connaissance de nouveaux amis et sa vie changea radicalement. En tout cas, il n'était plus celui que l'on voyait régulièrement à l'église. Il aimait les dancings, et le scotch coulait à flot lorsqu'il était en présence de ses amis. Ceux-ci formaient une bande de bons dragueurs et Viki organisait des soirées mondaines, où les filles et l'alcool ne manquaient point. Il se demandait souvent comment ? ils auraient pu vivre ensemble, dans une maison où il n'y avait que des hommes. En effet, ils étaient cinq dans une maison résidentielle, située en bord de mer. Leur habitation ne manquait pas de visiteuses, avec les filles qui venaient régulièrement pour leur faire à manger et qui y passaient parfois la nuit. Chacun avait son invitée et les filles étaient renouvelées à un ryhtme effréné.

C'était pour ces hommes une façon de montrer leur machisme, de prouver qu'ils étaient capables de dégotter la perle rare. Parmi eux, on distinguait ceux qui tiraient sur tout ce qui bougeait et les autres, plus ou moins timides, qui gardaient une ou deux filles qu'ils titularisaient. Maqui, lui, se donnait le temps, et il était le spécialiste de la perle rare. Il mettait en place tout un stratagème, et la chance lui souriait toujours. Il faut dire que la vie de Maqui était bien arrosée en ce temps-là.

Il mena cette vie de java jusqu'à son arrivée en Europe, où son pays d'accueil ne lui fit pas de cadeau. Il prenait désormais le métro des heures durant pour se rendre d'un point à un autre, sans en descendre. Tous les jours, c'était la même chose jusqu'à la fermeture des rames. Puis, il parcourait les rues jusqu'au petit matin avec son sac en bandoulière, où étaient rangées une brosse à dents, une éponge et une serviette.

Viki ne trouvait pas le sommeil et ses yeux étaient rouges de fatigue. Un jour, pendant son trajet, il s'endormit dans le métro et ne se réveilla qu'à Argentine. Le jeune garçon se mit à trembler lorsqu'il aperçut les contrôleurs. Il s'en approcha et déclara : « Monsieur, veuillez m'excuser car le sommeil m'a emporté et je me suis retrouvé hors de la frontière.

Me voici maintenant en Argentine ! » Le contrôleur éclata de rire, répliquant à son tour : « Mais Monsieur, votre ticket est valable. Vous n'êtes pas en Argentine.

Il s'agit seulement du nom de la station et vous êtes sur la ligne Paris-Défense. » C'était la première fois que Viki empruntait cette ligne. Aussi, il dormait maintenant dans l'escalier d'un immeuble, dont il connaissait le code d'entrée. Il avait établi son dortoir au sommet de l'escalier, afin d'être réveillé par la lumière lorsqu'une personne entrait.

Dès qu'un habitant pénétrait dans l'immeuble, Viki descendait à sa rencontre, et dès que celui-ci ouvrait la porte de chez lui, Viki retournait dans sa cachette. Le jour venu, il se reposait dans les squares.

Plusieurs années s'écoulèrent ainsi, jusqu'à ce qu'une voix se fasse entendre dans ses songes. L'ange lui disait de rentrer dans le pays de sa naissance, car il serait avec lui. Sans perdre de temps, le jeune garçon prit ses effets et retourna dans son pays, dans des conditions très difficiles. À son arrivée, il séjourna tout d'abord dans la capitale économique du pays. Un matin, l'ange de l'Éternel s'adressa une nouvelle fois à lui pour lui indiquer qu'il lui ferait voir son Prophète. Viki n'osa pas lui demander quel était le nom de ce dernier.

Trois mois plus tard, le jeune garçon arriva dans son village. Mais n'ayant pas de lieu où dormir, il se retrouva à nouveau à la rue. Il se souvint alors d'un ami d'enfance, qu'il alla voir et qui accepta de le recueillir chez lui. Un jour, alors qu'il était assis au pied d'un arbre, il se mit à pleurer. Il n'avait pas à manger, et adressa en ce sens une prière à l'Éternel. « Mange ce que tu trouveras », lui répondit Dieu.

Par une belle nuit, il se retrouva sur une piste et fit la rencontre d'un homme de petite taille, portant un appareil photo en bandoulière. Il en rencontra ensuite un second, de taille normale, qui avait une barbe. Là, une fine voix lui résonna à l'oreille, lui indiquant que l'homme était Paul. Le jeune garçon l'appella en criant :

-    C'est vous Saul de Tarse devenu Paul ?

Le monsieur s'arrêta et s'approcha de lui.

-    Comment est votre habitation à Athènes ? l'interrogea Viki.

-    Je dors dans les cavernes et dans les grottes, lui répondit Paul.

-    Tu as été le dernier mais tu es devenu le premier, poursuivit Viki.

Le jeune garçon appela le photographe, qui les immortalisa ensemble. Puis, Viki se réveilla avec l'assurance que son Dieu lui avait parlé pour le consoler. L'apôtre Paul, s'il était de notre ère, était mort entre 47 et 52 ans. Il était jeune.

Viki était un jeune fatigué et rongé par la souffrance. Alors qu'il avait parcouru quarante kilomètres en cent vingt jours, Dieu s'adressa encore à lui. Viki avait plus que jamais espoir en son Dieu créateur, sans pour autant connaître les vraies raisons de son retour dans son pays natal.

Une autre fois, il vit dans l'une de ses visions nocturnes le portrait d'un homme au milieu de la lune. Cet homme avait une petite bouche et les yeux bridés. Qui pouvait-il bien être ? Viki estima que Dieu voulait sans doute l'informer qu'il y avait du nouveau sur la terre.

C'était la troisième heure environ quand il eut une autre vision de la nuit. Il voyait dans le ciel une rue, où se trouvaient de nombreux fidèles.

Il était torse nu, portait un jogging vert, et il courait en chantant ce chant merveilleux : « *My way, I fine, fine. God bless you.* »

Il était heureux à tel point qu'il dépassa cette multitude.

Il devait tourner à droite pour emprunter la voie, la seconde qui menait au but. Sur ce chemin, seule était une infime poignée de personnes qu'il dépassa. Et loin dernière, s'enlisait toute la multitude de gens à la traîne. Au ciel, il faisait jour.

Il craignit qu'il n'y ait également cette clarté sur la terre, ayant peur que quelqu'un ne s'appropriât son corps physique. Il s'arrêta donc quand une fine voix lui dit de fermer ses yeux et d'avancer car il était tout prêt du but. Il abaissa ses paupières, mais il ne parvint pas à avancer. Il se réveilla alors de son sommeil, animé d'une grande joie.

Un jeudi à la dixième heure, il était dans l'une des églises évangéliques pour assister au culte du soir. Ce jour-là, le prédicateur parlait de l'amour envers son prochain. Au même instant, il se sentit emporter vers le ciel jusqu'à parvenir aux mains d'un grand homme assis sur un trône en verre transparent. Le corps de cet homme était lui aussi translucide. Il lui caressa la tête et ses larmes coulèrent abondamment, sans raison.

Une autre fois, il fut transporté dans les mains de cet homme invisible. Celui-ci lui frappa sur la tête et les côtés, comme on l'aurait fait avec une pâte

à modeler, et il devint aussi petit dans sa main qu'une poupée.

Parfois encore, il avait la sensation de voir des êtres qui étaient au ciel. Il voyait le Seigneur Joshua marcher puis s'assoir. Les anges se déplaçaient autour de lui.

Cela se passait régulièrement en plein jour, dans la rue, et très souvent cela se répétait.

Il donc d'aller voir l'un de ces vieux amis, âgé de soixante-dix ans environ, et qui fut un membre de l'Église Céleste.

- Apôtre, est-ce une folie ou de merveille ce que m'arrive ? lui
  demanda le jeune homme.
- Non, ce n'est pas de la folie, mais juste l'esprit céleste, lui
répondit Jules.
- Ok, pourvu que ça soit ainsi, acheva Viki.

Il possédait un corps de lumière et Viki l'aimait bien, car Dieu lui
avait fait grâce.

Quand ils se voyaient, Apôtre Jules et Viki ne parlaient de rien
d'autre que de Dieu, et chacun racontait à l'autre son expérience.
Avant de se quitter, chacun pria pour l'autre. Ainsi était leur vie,
qui reposait sur le fait de parfaire leur relation avec l'Éternel.

Du reste, Apôtre Jules était un homme qui avait une foi
inébranlable et qui vénérait Dieu avec une pleine assurance.
Lorsqu'il s'adressait à un malade, il lui demandait de répéter trois
fois qu'il était guéri. Si le malade le disait avec foi, il recevait
aussitôt la guérison. Le jeune Viki passait donc toutes ses journées
avec Apôtre Jules et il ne rentrait parfois que tard dans la nuit. Un
jour qu'il arpentait les rues, il eut une vision. Il vit un oiseau blanc
qui ne ressemblait guère à ceux que l'on a l'habitude de voir, et qui
tenait une tige dans son bec. À y regarder de plus près, c'était
plutôt une carte géographique qu'une tige que détenait l'oiseau,
qui volait vers le septentrion au-dessus du globe terrestre.

Il l'observa avec beaucoup d'admiration, et entrevit la carte d'un
petit pays sur les côtes africaines.

Les visions se succédaient depuis un moment. En se rendant au
marché, il vit le ciel s'ouvrir et la carte du monde se dresser devant
lui. Les grandes eaux se retirèrent et les continents se
regroupèrent pour ne former qu'un seul bloc.

Viki vivait depuis dans l'angoisse mais il restait fidèle à son créateur. Il parcourait ciel et terre, à la recherche de celui qui lui parlait. Il cherchait à décrypter les multitudes visions qui traversaient son esprit, en vain.

L'ORIGINE DE DIEU

Il arriva à Viki de voir un homme grand de quatre mètres, qui devait peser plus de sept cent kilos. Il passa près de lui, une canne à la main, mais le jeune homme ne parvint pas à voir son visage.

Une autre fois encore, il aperçut un visage humain face à lui, qui avait deux faces, l'une masculine et l'autre féminine. Le jeune homme prit peur et trembla comme une feuille. Il ne comprenait pas quels étaient ces multiples phénomènes.

Par ailleurs, tantôt employé d'un sculpteur qui fabriquait des figurines en bois, ses objets disposaient de deux faces distinctes : un bœuf et une lionne. Cet artisan lui avait également fait porter un autre objet dans un sac de jute,

qu'il rangea dans la maison. Celui-ci avait la forme d'un gros serpent rigide.

Tandis qu'il réfléchissait, il se souvint de ce que lui avait raconté son demi-frère Tino. Il eut alors une grande vision de la nuit, où il parcourait le ciel à la rencontre de l'Éternel Dieu. Il fit la rencontre d'êtres à l'aspect impressionnant. Ils étaient des princes qui se présentaient à lui au fil de sa marche et qui avaient chacun une magnificence particulière et saisissante. Chaque fois qu'il abordait un prince, il croyait que c'était lui, jusqu'à ce qu'il croisât l'un d'eux, tellement beau qu'il crut avoir trouvé Dieu. Mais l'esprit lui dit non. Il poursuivit son chemin jusqu'à ce qu'un feu immense et éblouissant lui fasse se couvrir les yeux, tant il avait peur de mourir en le regardant. Il finit par tomber à genoux et s'inclina. Le frère Tino n'avait point vu l'Éternel Dieu.

Partant de ce constat, la problématique de l'existence de l'être souverain, visible ou invisible, ne peut être résolue qu'en s'appuyant sur soi et en se référant à la Bible. Les expériences vécues à travers les voyages au-delà du réel invisible permettent de situer Dieu dans un contexte plus énigmatique que métaphysique.

On ne peut donc démontrer Dieu que de façon géométrique. Il tire son origine de deux matières, physique et spirituelle, dont l'air et le vide. L'air constitue le corps et le vide, l'esprit. L'association de ces deux éléments fait qu'ils finissent par ne faire qu'un. Aussi, les deux éléments se sont progressivement constitués et leur mécanisme est semblable à la formation de l'homme, à la seule différence que l'un est périssable. Quant au parler, il provient de l'association de l'air et du vide. La conjonction de ces deux éléments produit un son qui s'est converti avec le temps. Si l'air vient frapper le vide, le frottement produit un son provenant des deux éléments en mouvement constant.

Si un créateur ne peut vivre à l'intérieur de son art, Dieu non plus ne vit pas à l'intérieur du cosmos et encore moins dans l'homme. Il a pourtant la possibilité de s'y intégrer.

Dieu a-t-il créé l'univers pour en faire sa propre résidence ? Si tel est le cas, il est possible que l'homme ait fait de même. Il construit sa maison et y habite pour toujours. Mais si l'Éternel n'a pas de corps, comment s'exprime-t-il ? Et si nous disons qu'il est de forme humaine, comment est-il né ?

Puisque nous utilisons un espace vide, cela signifie que quelque chose existe. En effet, le vide lui-même est une chose et la chose en est une autre, à la fois composée d'air et de vide. Si nous observons la formation de l'homme ou d'une pierre, tous deux sont de même nature formatrice. L'homme est né du croisement entre deux choses, tout comme la pierre. L'air a poussé le sable grain par grain, jusqu'à ce qu'il se constitue en bloc au fil du temps. Le phénomène d'assemblage peut donc être assimilé à une fécondation.

L'air pousse le sable par assemblage et le durcit. Mais si l'on écarte l'air, on obtient un système d'autoformation. Dans ce cas d'espèce, rien n'a fécondé le sable.

Par ailleurs, on reconnaît l'homme à travers son œuvre, comme on reconnaît Dieu à travers la création. On peut dire dans ce cas que le créateur est dans son œuvre, mais comment ? La force qui a animé le créateur est inhérente à sa création, mais elle n'est pas le créateur lui-même. Saint Paul disait à ce propos que « *ce qui est invisible se laisse voir à l'œil nu au point qu'il est inexcusable* ».

Toute création est donc visible. À travers le créateur, on identifie l'œuvre et à travers l'œuvre on reconnaît le créateur, car l'esprit de celui-ci y demeure. Les deux entités interagissent alors, ce qui constitue l'aspect invisible du créateur.

Ne pas voir Dieu ne reviendrait à dire qu'il est la force qui anime la création, et que cette force n'est qu'un esprit pour la création. Or elle n'est pas Dieu lui-même. Mais si l'on dit que Dieu est une énergie, comment s'est-elle formée ? Ne serait-ce alors qu'une énergie qui parle ?

Cette exactitude ne répond pas clairement à la question de Dieu. L'Éternel Dieu étant lui-même univers, il est donc appelé univers

Dieu. Après la naissance, il va se développer et acquérir des capacités, telles que l'intelligence de créer, de transcender ou de se transformer. Aussi, les multiples visions portant sur des objets qui ont deux faces bien distinctes, mais qui se mettent ensemble, n'en sont-elles pas une indication scientifique ? À titre d'exemple, dans la Bible, deux hommes, Ezéchiel et Jean, voyaient les choses de nature double. Dieu va-t-il alors créer chaque élément en se servant de deux choses ? Cela se vérifie notamment avec le Bien et le Mal, l'homme et la femme, ou le ciel et la terre.

Dans la formation de tous les êtres, il y a deux choses, et l'une vient féconder l'autre. Si Dieu a créé l'homme à son image, est-ce à dire qu'il est lui-même né de deux choses unies. Le système de l'autoformation ne peut accepter cette règle.

Du reste, il est un esprit d'apparence humaine, capable de tout mouvement lorsqu'il sort de sa cachette, et qui veut prendre cette forme comme tout esprit a le pouvoir d'intégrer un corps et de se transformer. Mais si l'Éternel a un aspect humain, il ne peut être omniprésent. Avec une forme humaine, Dieu serait omniscient et omnipotent, à l'image de l'homme parfait. Or, ni l'un ni l'autre ne peuvent être omniprésents. Cette force de l'esprit, aucun être ne peut la développer. Cela fait de Dieu un être special.

Comment l'Éternel Dieu, qui est trois fois saint, peut-il se laisser voir par des gens impurs ? Le cas échéant, il se serait révélé à Moïse à qui la Bible a dit que, parmi tous les prophètes, il était le seul à qui Dieu avait parlé en face.

Celui à qui l'on s'adresse de visu serait-il aveugle pour ne point avoir vu son interlocuteur ? Face à cette incompréhension de la nature, Viki marchait dans une voie sans issue à la recherche de Dieu invisible. Cette méconnaissance pousse parfois à caricaturer

Dieu. Libre est celui qui croit donner une indication imagée de Dieu, tel un être qui se présente à lui dans ses songes. Viki comprit alors que le monde spirituel générait des songes en faisant usage de symboles. Mais la vraie nature de ceux-ci n'a jamais été révélée. Ainsi, lorsque Dieu apparaît dans un songe, il utilise quelque chose d'unique en son genre sur la terre pour le symboliser. La nature géométrique de Dieu est un corps immatériel couvrant l'univers, et nul ne peut le voir sauf s'il vous en fait grâce. Vous ne pouvez le voir qu'avec l'autorisation de Joshua Ha Mashiash (Jésus-Christ), qui se situe pour sa part dans une sphère différente et inférieure au Père Céleste.

En outre, au plan géométrique, l'Éternel est une figure circulaire, dont le corps est un feu dévorant qui ne se consume point. À l'intérieur, se trouve l'esprit (le noyau), qui constitue un centre énergétique d'une puissance capable de se mouvoir et de converser. Le feu représente l'arme de l'Éternel qui protège le corps, bien que l'élément important reste le noyau. Il est pareil à celui qui tient une vase de protection. Observez par exemple un fétiche avec les yeux spirituels portent pour la plupart une flamme. Il ne s'agit pas d'une flamme qui protège, mais plutôt de l'esprit qui est à l'intérieur du pot. La flamme n'est que l'enveloppe de l'esprit, et elle exprime la hauteur de sa puissance. Plus la flamme est grande, plus la force de l'esprit l'est aussi. Et contrairement au feu de Dieu, il exprime une puissance infinie.

LA FORME DE L'UNIVERS

*****

La terre est-elle vraiment ronde ?

La forme géométrique de Dieu est ronde, mais cela ne fait pas pour autant de Dieu un être rond. Cela constitue seulement la forme de toute créature qui définit l'infini. Quant à la terre, elle n'a pas de forme. Mais l'Éternel Dieu utilise la forme ronde pour exprimer l'infini et pour la symboliser. Toutes les formes existent, mais la forme circulaire est celle qui définit l'infini, et l'univers fut créé pour l'infini. Ce ne sont cependant là que des symboles. De même, dans la Bible, l'apôtre Jean (Ap 21 :16), dans sa vision pour les choses à venir, caractérise la nouvelle Jérusalem comme une figure carrée, dont la longueur, la largeur et la hauteur sont égales. En effet, l'Éternel se declare être l'unique Père de tous les peuples. Il exprime un amour jovial et il ne peut donner le meilleur de lui-même qu'en établissant l'égalité et l'équité, d'où la forme du carré (figure géométrique). Mais si la terre est ronde, comment peut-elle exprimer l'égalité ? La terre représentée par une forme géométrique carrée exprime l'amour entre Dieu et les humains, un amour repandu de façon égalitaire. Elle symbolise l'équité car cet amour est impartial envers chacun de ses enfants, au sein de son royaume sur une terre sainte.

Pour cela, on peut affirmer que les deux formes sont utilisées symboliquement. D'une part, le carré pour désigner l'équité et l'égalité entre les humains et, d'autre part, le rond pour incarner l'infini. En d'autres termes, on dira que le premier exprime le fond, et le second la forme. La Bible nous livre ainsi tous les secrets du ciel de manière concentrée, mais la forme reste à découvrir.

De surcroît, l'univers actuel se situe dans une sphère appelée chaos, qui est un vide total. On peut ainsi dire que notre univers est suspendu, telle une montgolfière lancée dans le ciel. Tout autour, c'est le vide total, un vide semblable à un voyageur dans un avion qui, en observant le ciel par le hublot, ne voit que le vide. C'est un symbole. Et l'Éternel Dieu n'existe pas dans le vide.

Si l'on sort de cet univers, il est sous l'influence de Dieu. La chose est donc impossible pour tous les êtres physiques et spirituels. Cela est notamment le cas de l'enfant qui est encore dans le ventre de sa mère. Il n'a pas connaissance de ce qui est extérieur. Ce n'est qu'après sa naissance qu'il découvre le monde extérieur, qui demeure toujours son univers. Si nous tenons ce raisonnement, l'enfant reçoit l'autorisation de sortir de son univers premier, qui est le sein de sa mère, pour vivre dans son univers second.

Or, il est impossible pour l'homme de sortir de l'univers dans lequel il vit. Disons donc qu'il ne connaîtra jamais l'extérieur car lorsque l'on sort d'un univers, on entre inéluctablement dans un autre.

La relation entre Dieu et l'univers se traduit par la transmission des effets dus à son algorithme circulatoire positif (+), qui progresse pour plus de Bien. Quant à Satan, son algorithme circulatoire est négatif (-) et produit plus de Mal. Ainsi, selon le côté où l'on se situe et en fonction de ses agissements, on perçoit davantage les effets positifs ou négatifs de nos actes. Ce constat s'applique par exemple au collecteur et à l'effet que l'argent produit sur lui. S'il cède à un esprit voleur, il sera obligé de cacher une partie des fonds recueillis.

LA RESSEMBLANCE

La ressemblance entre deux êtres est véridique. Mais, elle est une ressemblance de fond et non de forme. Le corps spirituel de Dieu est lui aussi pleinement semblable à celui de l'homme d'un point de vue fonctionnel. Il revêt différentes formes qui donnent une image spirituelle, selon ce qu'il souhaite exprimer et selon le but qui l'anime. Dans ce cas, on assistera à un Dieu qui est une multiple appellation exprimant un but. Si l'on compare Dieu à notre univers, l'Éternel apparaît infiniment grand par le fond mais non par sa forme. Quant à l'univers terrestre, il n'est qu'une petite boule dans sa main au sens géometrique du terme.

En effet, une créature ne peut être plus grande que son créateur. Alors si Dieu a créé l'univers, c'est qu'il est lui-même l'univers, conçu à notre image. L'univers Dieu a généré l'univers terrestre, et trois choses le caractérisent : la croissance jusqu'au stade de la maturité, l'intelligence et le mouvement transcendantal.

Du reste, l'univers Dieu a subi une croissance très lente. Le phénomène de naissance d'un homme s'appuie sur le même procédé. Tout être naît et grandit jusqu'à atteindre sa maturité. Toutes les choses créées suivent le même processus.

Cette croissance engendre en l'être une valeur qui est l'intelligence, elle-même formatrice de la valeur ajoutée et qui croît elle aussi jusqu'à maturité. Quant au mouvement transcendantal de Dieu, il a fait l'objet de croissance et de maturité. Cet être a existé bien longtemps avant que ne soit créé l'univers.

Il a créé notre univers en se basant sur son propre processus d'autocréation. L'homme ressemble de ce fait à Dieu.

Il a imaginé sa propre ressemblance au même titre que les animaux et les plantes, et à la seule différence que l'homme n'est pas limité dans sa création contrairement aux animaux. L'homme crée sa ressemblance mais aussi des objets.

Parmi toutes les créatures, seul l'homme bénéficie pleinement de tous les attributs de Dieu, d'où l'idée d'une ressemblance parfaite.

Mais pourquoi Dieu se fait-il voir en image ?

Le corps physique de Dieu est la chose existante que l'homme physique peut voir avec des yeux spirituellement ouverts et parfaits. Ce corps est accessible et visible par tous les esprits, c'est-à-dire l'âme de Dieu. Quant au corps spirituel de Dieu, il témoigne de son existence invisible, que les yeux spirituels peuvent voir. Si l'on considère la force qui donne vie à l'univers, elle possède une maturité transcendantale et de transformation.

Elle peut revêtir de multiples corps, et se faire petite ou grande pour s'exprimer. Elle peut également intégrer tout objet, de façon partielle ou totale, et vivre éternellement à l'image de l'esprit de l'homme parfait. La ressemblance de l'homme à Dieu est donc totale lorsqu'il s'agit des deux matières, physique et spirituelle. La chair n'est pas prise en compte.

On peut dire que Dieu est un être existant, capable d'effectuer pleinement tous les mouvements. C'est pourquoi, quand un chrétien est persécuté, l'ange qui lui vient en aide demandera au persécuteur ; pourquoi me persécutes tu ? Cela s'explique par le fait que la matière spirituelle qu'incarne ce chrétien est une partie intégrante du corps spirituel de Dieu. Ainsi, l'Éternel Dieu ressent le mal que subit ce dernier. Ceci est semblable à un parent qui ressent la douleur de son fils et qui éprouve de la compassion. Pour cela, quels que soient la situation et l'état de ses parents, l'enfant doit éprouver de l'amour pour eux.

LE CARACTERE DE DIEU

L'univers Dieu ayant tous les attributs d'un être humain a aussi un caractère semblable à l'homme. La différence entre ces deux êtres se situe dans la forme, car Dieu est univers au contraire de l'homme. Leur point commun est le Bien et le Mal. Mais le Mal en Dieu n'est pas synonyme de péché, et il ne faut pas confondre le mal persistant de Lucifer au mal intérieur de Dieu.

Toute mauvaise action qui a un intérêt axé sur le bien et qui exprime le but de Dieu n'est pas un péché (Mal).

Pareillement, Lucifer devenu Satan provient de la matière spirituelle, comme le sont les anges ou l'homme spirituel avec l'attribut du Bien et du Mal. Lucifer est en effet le premier né de sexe masculin à laisser grandir en lui le mal pour aboutir un Mal notoire dont l'intérêt est mauvais. Étant le fruit parfait égaré, Dieu va revendiquer par sa faute tous les premiers nés masculins.

Si Dieu détruit un peuple, l'action est Mal contrairement à l'intérêt qui est Bien, afin qu'un nouveau peuple centré sur le Bien puisse exister.

En tant que matière physique et spirituelle, l'homme peut déceler des choses et agir en conséquence, en particulier lorsqu'il s'agit de détruire ou de construire. Le caractère mal se déclenche pour exécuter une action visant à faire triompher le Bien. Dans le cas de la punition d'un enfant, c'est le caractère mal du père ou de la mère qui s'éveille. Pourtant le résultat de la punition est le Bien, puisque l'objectif final est d'empêcher l'enfant d'emprunter la voie du Mal Luciférien.

Il en est de même dans la Bible, où Dieu punit le sacrificateur Éli, qui n'a pas réprimé ses enfants suite au mal qu'ils ont commis.

Pourquoi Éli n'a-t-il pas réprimé ses enfants ? Est-il est trop pur au point qu'une punition exprimerait à ses yeux une faute qu'il aurait commise envers Dieu ? Est-ce par amour envers ses enfants ?

Si Éli était trop pur, cela n'ôterait pas en lui l'attribut de la positivité et de la négativité. Si le sacrificateur Éli éprouvait un amour profond pour ses enfants, cela ne changerait donc en rien ses attributs originels.

Dieu, qui est lui-même l'origine, va réagir et faire comprendre à Éli que son silence face au comportement de ses enfants le met lui, Éli, en position Mal au même titre que ses enfants.

Le caractère exprimant la colère de réprimer quelqu'un a pour origine mal, mais l'intérêt que produit le mal est Bien. C'est l'unique voie pour séparer le mal du Mal Satanique.

Quant à Lucifer devenu Satan, il doit restituer le Mal à Dieu par le biais de la repentance. Cette restitution consistera à éliminer tous les attributs jusqu'au noyau. Dans ce cas, l'action doit être objective et brève. C'est le triomphe du Bien qui importe à Dieu, en particulier un Bien qui l'honore.

Si l'on poursuit une objectivité Bien, que l'on ne met pas fin à cela et qu'il persévère, il finit à atteindre le Mal. Il croit poursuivre le Bien, mais il transcende et s'attribue le Mal. Pire est le cas de Lucifer car il transcende le mal pour un but Mal. Disons alors que l'action mal n'a aucune objectivité Bien, puisque c'est un Mal pour un but Mal. S'il arrive que Lucifer vous donne une immense richesse, considérez plutôt ce bien comme un Mal. Ainsi, Joshua a considéré le pain de Lucifer, qui aurait pu le rassasier, comme un pain de malheur, et il le refusa.

En outre, Lucifer doit observer et obéir. Et comme son action et son but sont mauvais, Dieu décide de le punir.

Devant un tel constat, il est insensé de dire que Satan n'existe pas. Lucifer est un archange, donc un élément fait de la matière spirituelle éternelle, et possédant tous les attributs de Dieu.

Et si Satan n'existe pas, alors Dieu lui-même est l'organisateur, tantôt du Mal notoire, tantôt du Bien parfait. Si tel est le cas pourquoi Dieu dit-il qu'il va jeter Lucifer devenu Satan en prison ? Dieu va-t-il s'emprisonner lui-même ? L'Éternel est infiniment grand pour occuper une quelconque prison.

Finalement, cet archange est un être humain de par sa forme, bien qu'il n'ait pas de chair. Il est une matière spirituelle au même titre que l'homme spirituel. Tous deux sont éternels, transcendants, mais aussi sujets à des transformations et intelligents. Ils sont en d'autres termes périssables. Cependant, ils sont infiniment petits au regard de la puissance de Dieu, immensément grand et indescriptible. Dieu est différent de l'homme dans le fond car il exprime l'infini, mais il s'en rapproche par sa forme structurelle.

La formule de la création sur la base de la dualité est la suivante :
Lorsque deux éléments de même nature se mettent en mouvement constant, ils produisent une énergie non identique à celle qui constitue leur énergie de base. La nouvelle énergie venant des deux éléments est alors différente et elle s'exprime en Prime. Cette énergie n'écarte pas les énergies constituantes, mais elle s'autoforme. Par exemple, lorsque l'énergie A se met avec l'énergie B, on n'obtient pas une énergie AB, mais l'énergie A' + B'. En effet, les deux énergies ne se mélangent pas totalement, au point de ne pas les reconnaître.

Si elles parvenaient à se mélanger entièrement selon l'additif, on ne pourrait peut-être pas les dissocier, mais on pourrait toujours les identifier l'une et l'autre. La formule de la création est la même, et Élohim demeure le maître absolu. Aussi, pourquoi le chiffre moins deux (-2) ? L'Éternel est constitué de deux éléments, dont le Vide = 1 et l'air = 1. Quant au moins, il signifie que tout ce qui existe est tiré de lui. -2 devient de ce fait l'élément de base.

$$-2\left(\frac{a}{b}\right) = a' + b'$$

Mais si l'on ajoute un élément supérieur à la force énergétique des deux autres éléments, on dira alors que A' et B' sont surmontés de 1 (élément Prime). Alors on notera que :

$$-2\left(\frac{a}{b}\right) + 1 = \frac{1}{a' + b'} \quad ou\; e = 1'$$

Pour ce qui est de la troisième force, elle surmontera les deux autres mais elle ne les fera pas disparaître.

Certes, on obtiendra une force supérieure, mais les autres seront toujours identifiables. À l'avenir, les humains doivent s'en tenir aux formules mathématiques dans lesquelles Dieu existe en utilisant moins deux (-2).

LA FORCE TRANSCENDANTALE

Cette volonté d'agir rejoint un point de vue physique.

L'homme crée des choses, particulièrement de gros engins destructeurs, en associant successivement les matières, pour obtenir une matière physique soit de protection, soit de défense. L'homme connaît également une tout autre matière, mais qu'il n'a jamais su employer pour dominer. Cette matière spirituelle est ultra puissante et quiconque la détient possédera tout. Ainsi, même s'il peut dominer la matière physique, elle se détériore avec le temps et sa portée n'est que limitée.

Il faut souligner que la domination physique n'exclut pas la domination spirituelle, et certains peuples l'ont bien compris quand ils l'utilisent pour dominer les autres. Dans le monde satanique, certaines personnes peuvent transformer leur corps en un gilet par-balles, tout comme un pays peut se doter de toutes sortes d'armes pour la dissuasion. Cette pratique n'est que temporaire et inutile, car elle ne s'attarde qu'à détruire le physique, sans pour autant atteindre le spirituel. Néanmoins, le spirituel parfait sait détruire le physique pour toujours.

Nous observons dans la Bible, la guerre que mènent les Israélites contre l'ennemi. Ce sont des guerres à la fois menées avec le physique et le spirituel. Le côté physique s'attarde à montrer l'utilisation d'armes visibles pour détruire ce qui est chair ou objet, comme ce fut le cas de la guerre contre les Philistins.

Mais au temps de Moïse, la guerre contre l'Égypte fut une bataille spirituelle, utilisant une arme qui l'était tout autant. L'Éternel Dieu frappa le pays avec des armes spirituelles et la parole s'accomplit instantanément. Si l'homme obéissait à Dieu de façon absolue, il n'aurait pas à créer d'engins pour se défendre. Sa parole suffirait le cas échéant à garantir sa défense. La Bible dit que Dieu créa tout par la parole. La parole est avec Dieu et la parole est Dieu.

Au demeurant, Dieu créa également l'homme et la femme, et il les fit à son image. De ce fait, l'homme doit devenir Dieu par l'obéissance, et non pas à sa création, auquel cas le terme d'obéissance n'aurait pas existé dans la vie des dieux. Il aurait été obéissant dès sa naissance et de façon immuable.

Comment un Dieu peut-il créer quelque chose pour sa sécurité ? Sa nature divine de feu est source de sécurité et sa parole est une arme puissante pour assurer sa défense.

Ainsi, la puissance de la parole détruit tout autant le physique que le spirituel, et elle devient une arme plus massive que ne l'est la bombe atomique. Si l'homme obéissait à sa propre parole, les contrats écrits n'auraient pas lieu d'être. Joshua dit : ne craignez pas celui qui tue la chair mais qui ne peut tuer l'âme, faisant allusion à l'esprit de l'homme. Cela signifie que seul Dieu peut anéantir l'âme spirituelle. De plus, quelqu'un aurait dit qu'après la mort, l'âme physique cesse de fonctionner (l'être est donc considéré comme mort). Mais la personne ou l'âme spirituelle va au ciel, où elle vit pour l'éternité. Le constructeur n'est-il pas maître de son œuvre ? Celui qui a conçu une œuvre spirituelle peut toujours la détruire. Par sa parole, l'Éternel Dieu peut mettre fin ou détruire ce qui est élaboré, même de manière éternelle. De ce fait, l'âme originelle (l'homme intérieur) et les anges peuvent eux aussi mourir. Ces créatures invisibles à l'œil nu peuvent disparaître ou mourir dans leur état si la volonté de leur créateur l'impose.

Si cela n'était pas possible, Dieu serait en proie à une œuvre incomplète ou à un manque de relativité absolue de domination. Et puis, la forme circulaire, qui est une figure définissant l'infini, ne peut laisser place à une courbe non fermée. Alors le pouvoir de dominer doit être circulaire et infini au plan géométrique. Il convient toutefois de ne pas faire allusion à la domination humaine sur son prochain, car elle n'est qu'une injustice caractérisée. Le pouvoir dominant, considéré sur l'ensemble de sa création, au point de mettre fin ou d'effacer pour toujours son œuvre, est pour sa part circulaire et infini. L'homme ne doit pas dominer l'homme, mais plutôt la création ou ce qu'il a lui-même créé. Ceci s'apparente à un enfant qui aurait fait un dessin et qui l'effacerait ensuite sans laisser de traces sur la feuille. Le support papier devient intact, au point que l'on ne peut plus apercevoir les traits, même avec une loupe ou un appareil de haute technologie.

Ainsi, ni la trace du crayon, ni celle laissée sur le support ne sont visibles physiquement et spirituellement. C'est comme si cet enfant n'avait jamais utilisé la feuille pour dessiner. En outre, le roi Salomon dit qu'il y a un tracé du jeune homme vers la jeune fille. Sûrement y a-t-il bel et bien une trace au sens propre du terme. Et pour le créateur, celle-ci peut être effacée. C'est le pouvoir de la domination transcendantale qui efface tout, c'est une remise à nouveau. Alors on assiste à une force transcendantale de recréation et de l'infini. Elle constitue de la sorte le pouvoir de Dieu créateur. D'un côté, l'homme crée le physique et l'efface, et de l'autre Dieu crée le physique et le spirituel et peut y mettre fin s'il le souhaite. Dieu créa donc l'homme physique et l'homme spirituel. Il mit fin à l'homme physique et ne garda que l'homme spirituel. Pourtant, la force lui permet de mettre fin à celui-ci comme s'il n'avait jamais existé. Cette force transcendantale émane de la lumière.

Elle obéit à un sens circulaire infini, droit, pendant que son opposé destructeur se soumet à un sens infini gauche.

Cette relativité s'appelle force transcendantale (+) de droite et force transcendantale (-) de gauche.

En outre, Dieu subsistera-t-il, mais sans force, pour agir en mal lorsque son but sera atteint ? En d'autres termes, Dieu a besoin des humains pour stopper sa croissance ou son but, d'où la fin du mal en soi. Quant à Satan, il a totalement disparu.

Si Satan doit exister en tant que créature de Dieu, il lui faut obligatoirement modifier sa capacité d'accumulation dans le sens du bien. Il deviendra alors un être rationnel avec les mêmes caractéristiques qu'un être immatériel parfait.

Le pouvoir de la création doté en Dieu pour les hommes parfaits s'inscrit dans un cadre relationnel de (-) et exponentiel de (+). Lorsque la relation entre le Père et son fils s'intensifie, elle provoque des réactions énergétiques exprimées.

L'homme ne peut avoir tout le potentiel de Dieu créateur, d'où la nécessaire relativité (-) pour exprimer l'incapacité de devenir Dieu créateur. Qu'importe la relation entre les deux êtres, l'homme reste matériel et/ou immatériel. La relativité (-) et l'exponentiel (+)

demeurent alors stables, ce qui signifie que l'homme peut toujours créer et garder sa relation avec Dieu, sans jamais pouvoir lui être égal. La relativité métaphysique est le méga (+) et le méga (−). La jonction des deux points crée la force universelle de puissance infinie positive et négative. Il s'agit du pouvoir de création et de destruction définitif sans tâche. Alors pourquoi le bien triomphe-t-il du mal ? Le point de la création est le Bien et s'établit en vue d'un but Bien. Aussi, la Bible atteste dans le livre de la Genèse (1:17) que l'Éternel Dieu créa le ciel et la terre, puis qu'il dit que cela était bon. Le centre énergétique est le Bien, donc tout ce qui émane du Bien reste Bien et la création ne peut que se développer dans ce sens-là.

Si le centre énergétique était le Mal, celui-ci aurait triomphé au profit d'un mal infini. Mais puisqu'il est le Bien au départ, ce dernier triomphe et Dieu devient le Bien absolu et infini. On assiste alors à un triomphalisme (+) ou (-) de cette force. Mais de quel Dieu s'agit-il ? Celui qui atteindra ce niveau sera lui-même indestructible et il possédera les forces infinies de Dieu créateur. Son algorithme se traduit par la relativité énergétique (+) et (-) en sens opposé circulatoire unique. Le noyau circule dans le sens du Bien et augmente sa capacité d'accumulation. On retiendra le Bien pour le positif et le Mal pour le négatif. Si le mal change de sens en prenant le positif tout en restant Mal, sa capacité d'accumulation Mal diminue. Cela est le cas de l'homme qui fuit ses mauvais actes. Quant à l'homme qui fait le Bien, il peut réduire sa capacité d'accumulation de Bien pour prendre le Mal. Et s'il ne se repositionne pas dans le bon sens, il accumulera suffisamment de mal pour être plus mauvais.

Au contraire, s'il reste Bien pour augmenter cette capacité d'accumulation, il demeure bien pour un Bien parfait.

De plus, on admet que le noyau circule pour augmenter sa capacité d'accumulation à ouvrir tous les sens physiques et spirituels de l'homme, mauvais ou bon. Dans ce cas, on obtiendra par degré d'accumulation le moyen d'atteindre le bon parfait de Dieu sans changer notre algorithme de croissance, qui doit demeurer constant, d'où l'homme parfait qu'est le Seigneur Joshua Ha Mashiah qui a lui-même subi un processus de croissance. En effet, né comme tout homme, il a été baptisé d'eau et du Saint-Esprit avant d'être transfiguré. La transfiguration constitue le troisième baptême de Joshua. Le prophète Esaie (7 :15) atteste le rejet du mal pour choisir le bien. Pour sa part, Matthieu (17 :2) parle de la perfection de Joshua Ha Mashiah devenu lumière, arbre de vie.

Par ailleurs, si tout au long de ce processus, notre algorithme de croissance change, notre capacité d'accumulation n'augmentera pas et demeurera stable. C'est le cas de l'homme qui paraît être bon ou avoir un bon comportement, mais qui ne pourra jamais changer l'autre versant de nature mauvaise qui le caractérise. Cet homme est souvent identifié par une ou plusieurs attitudes qu'il ne parvient pas à surmonter. Il peut tout à la fois disposer d'un côté mauvais (ce que vous détestez en lui) et d'un côté bon (ce que vous aimez en lui). Aussi, la force que possède Joshua Ha Mashiah est-elle Dieu ou provient-elle de Dieu ? Le corps physique à l'image du corps spirituel ne peut rien faire qui ne soit donné de Dieu. Dans le cas de l'esprit (corps spirituel), il reçoit de Dieu une autre force qui lui permet de matérialiser sa puissance. Le Seigneur Joshua Ha Mashiah a donc reçu de Dieu, mais il n'est pas Dieu lui-même. Il se declare Dieu par acquisition mais non par création, car il se doit de respecter le principe de croissance.

Il peut également prendre toute autre forme. Concernant Dieu, il n'a ni besoin de baptême, ni de jeûne ni de transfiguration. Pour cela, comparer Joshua Ha Mashiah à Dieu reviendrait à comparer la puissance énergétique du soleil à celle de la lune. Ces deux entités mystérieuses sont complémentaires et l'une reçoit de l'autre, sans qu'elles ne puissent être assimilées pour autant. Le soleil produit ainsi plus d'énergie que la lune, de même que Dieu produit plus d'énergie que quiconque.

LE VATICAN

En vertu de quoi Joshua donna-t-il la clé du royaume à Pierre (Mt 16:19) ? Le Seigneur Joshua Ha Mashiah, plus communément nommé Jésus-Christ, a reçu la mission de bâtir le royaume de Dieu sur la terre en rétablissant le royaume d'Israël.

Mais beaucoup de ceux qui attendaient ce royaume ont vu leur espoir s'évaporer après la mort de celui-ci. Parmi eux, se trouve Joseph, originaire d'Arimathée (Luc 23 : 51). Joshua était pourtant bien conscient des difficultés à accomplir ce projet, qui réjouirait le cœur de Dieu. Mais pour d'autres raisons, il ne put le concrétiser. Alors Joshua donna la clé à Pierre pour qu'il remplisse cette tâche. En d'autres termes, on peut dire que Pierre devint le Messie. Saint Pierre marcha fidèlement avec Dieu, ainsi que beaucoup d'autres. Mais par la mort sauvage et tragique de celui-ci, Satan fit son entrée en ce lieu. Les humains ont alors violé l'un des principes fondateurs de Dieu : lorsqu'un homme est élu par Dieu pour remplir une mission, si son peuple le rejette, Dieu retire à ce peuple la mission et l'attribue à un autre (Matthieu 23 : 37). Le rôle du Vatican, si l'apôtre Pierre eut été le premier Pape ou devait l'être, était pour cela de bâtir le royaume de Dieu sur la terre. Il aurait été un grand royaume au sein duquel tous les humains, quelle que soit leur couleur de peau, auraient vécu ensemble dans la sanctification, sous la souveraineté de Dieu. Mais le Vatican s'est limité à une congrégation religieuse, avec des pratiques fondées sur des dogmes qui ne sont enrichis d'aucune lumière. Partant de ce constat, trois choses sont à éviter lorsqu'il s'agit du projet de Dieu.

En premier lieu, il convient de ne jamais pérenniser une pratique qu'il impose quand une autre vient la remplacer, car Dieu n'est pas dans la tradition. En second lieu, il ne faut jamais choisir un successeur pour une mission divine, car l'Éternel est seul capable de désigner le sien, où qu'il se trouve. Enfin, il est exclu d'écourter le temps de Dieu, en fixant son propre temps. Le cas échéant, on sort du plan voulu par le Père. Ce sont des principes de base, prépondérants pour l'Éternel, et tous ceux qui n'ont pas attendu le temps ont favorisé le diable en le faisant. De surcroît, la sainteté ne se limite pas à une conversion religieuse ou à porter une robe blanche, car le blanc que recherche Dieu réside à l'intérieur. Observez un homme vêtu de blanc. En lui peut se camoufler un rapace, qui n'a rien de saint, malgré la couleur pure qu'il arbore. La sainteté est l'implantation du Saint-Esprit dans le corps et de son évolution. Elle est telle une flamme dans le corps.

La robe blanche est donc certes un symbole, mais l'important réside dans la robe de lumière qui couvre tout le corps spirituel (Ap 6 : 11). On dit alors d'un être qu'il est saint parce qu'il possède l'esprit de Dieu. S'il ne dispose pas de cet esprit, il ne peut se prévaloir du titre de Saint, quel que soit son rang dans l'église. L'esprit de Dieu vous conduit dans la fidélité avec le Seigneur. Mais comment peut-on savoir si une personne est sainte ou pas ?

Il est difficile d'apporter une réponse car, de nos jours, l'Éternel est prompt à réaliser son but. Le Saint-Esprit doit donc grandir en l'homme, lui permettant de voir son prochain en dedans et en dehors. Cela était différent au temps de Moïse, où Dieu imposa le port des vêtements spéciaux a ceux qu'il accorde le Saint-Esprit. Il faut souligner que le rejet de Joshua n'est pas un signe de rupture avec le créateur. Il était simplement une transition, qui a été difficile à prendre.

Dans le cadre d'une relation vieille de plusieurs siècles, il est compliqué de changer et d'accepter ce qui est nouveau. De la sorte, les Juifs ne disposaient peut-être d'aucun moyen pour vérifier la véracité de l'évangile. Une action se vérifie avec les moyens spirituels pourvu qu'il y ait des hommes spirituellement élevés, et plus encore qu'ils aient l'idée et le courage de le faire. Pour empêcher leur reconversion, un esprit posa le pied sur l'évangile et les cœurs s'en trouvèrent endurci. Mais les jours viendront, voici que ce pied est levé et le peuple évoluera vers leur créateur pour entrer dans le saint des saints. Il faut ajouter qu'à cette époque la croissance se situait à un stade primaire, tandis qu'elle avait évolué à un stade intermédiaire du temps de Joshua. Désormais, la progression doit atteindre le stade parfait. Aussi, le christianisme n'est pas une religion, mais un acte divinement renfermé dans un Saint dont le dessein est de se faire une seconde nature.

C'est pourquoi, il ne faut pas tomber dans le traditionnel péché qui consiste à rejeter ce qui est nouveau. Le Saint-Esprit, présent dans le corps de l'homme, connaît les projets de Dieu, malheureusement il n'a pas reçu l'ordre d'expliquer la bible. Le Saint-Esprit est disponible pour évoluer aux côtés de l'homme. Mais son évolution dépend de l'homme qu'il s'incarne. Si l'on désobéit à la parole ou que l'on s'écarte de la vérité de Dieu sans se repentir, le Saint-Esprit quitte le corps et le mauvais esprit prend sa place. On compte une multitude de croyants, mais peu nombreux sont ceux qui ont en eux la lumière. Depuis Joshua jusqu'à ce jour, il n'y a eu qu'une poignée de saints dans le monde au vu du nombre important de croyants. On constate de la discrimination dans la maison de Dieu alors qu'aucune n'a été décelée au niveau de l'Esprit. Le Saint-Esprit reste ainsi le même, que cela soit dans le corps du noir, du blanc, du jaune et du rouge. De même pour les mauvais esprits, ils ne font pas de différence au niveau de la couleur de la peau, mais ils distinguent plutôt l'être capable de les recevoir. L'esprit de mensonge, de vol et d'homosexualité qui serait installé dans un corps serait le même dans le corps de tout être qu'importe sa couleur de peau.

Au demeurant, l'Éternel aspire à une grande nation lorsqu'il dit à Abraham : ta postérité sera grande comme le sable au bord de la mer (Gn 13 : 16). Cela concerne tous les peuples de la terre, si tous parviennent à la repentance sincère. Le seigneur Joshua, quand il a remis la clef à Pierre, désirait bâtir ce royaume-là. Malheureusement lorsqu'on fait le Bien, certains n'en veulent pas, et les humains ont préféré le Mal.

Pour revenir au Vatican, il n'est pas une nation de Dieu et n'existe que de nom. Sur le plan spirituel, là où l'oiseau n'a plus de nid, le serpent fait son habitation. On peut ainsi dire que les humains attirés par la convoitise de voir en Dieu saint quelque chose noble ont fait copie de son plan. Ils ont touché la forme sans toucher le fond.

L'église est une grande famille et elle constitue une nation. Elle dispose d'un droit de défense, de protection et d'occupation d'un espace saint. Elle a pour mission de protéger la terre de toute violence. De même, c'est à l'église d'établir les règles de la vie et de conduire une politique saine, ou encore de tracer un plan économique universel capable d'écarter la souffrance des peuples, de privilégier l'égalité et de veiller à l'équité. En effet, tout le système futur y est écrit et la Sainte Bible parle de la nouvelle vie humaine dans sa traçabilité. Si l'on sort du cadre voulu par Dieu, aucun peuple au monde n'a pour autant le droit de se faire donneur de leçons.

La lutte contre les inégalités, le racisme ou la dictature relève de la compétence de l'église, tout comme le fait de les éradiquer. Malheureusement, l'église est séparée de l'État. Si les humains recherchent l'amour et le bonheur, aucun peuple ne doit lever l'arme contre son prochain, car les deux entités tendent vers le même but. Et si la recherche du bonheur consiste à écraser l'autre, ce dernier devient l'instrument du Diable.

Alors l'intelligence exige la séparation, qui consiste à faire de ceux qui composent l'église une nation séparée. C'est la raison pour laquelle Dieu dit aux enfants d'Israël de sortir d'Égypte, de préférer Canaan la demeure promise à Abraham, ce monde de lumière à un monde souillé. Selon le principe de Dieu, son peuple mènerait une vie où règne le respect des uns et des autres, des institutions et de vivre dans un environnement saint. L'église au milieu d'un peuple impur est semblable à celui qui s'assoit dans la boue après avoir pris un bain.

Disons que la chose pure est parmi celle impure, même si l'on ne saurait mettre ensemble les brebis et les fauves, le linge lavé avec le linge sale. Cela n'a rien de discriminatoire, mais tout humain a besoin de propriété, comme le corps Saint a besoin d'un espace saint. Ainsi cela semble être le socle des guerres religieuses, car ceux qui aspirent à la sainteté fondée sur le vrai Dieu se sentent assujettis à un système qui ne leur ressemble guère. Si deux entités ne peuvent se mettre ensemble de par leurs divergences, elles se séparent. Cela est pareil pour un couple. De ce fait, l'Éternel Dieu doit séparer le Bien du Mal, comme il choisit de séparer Ismaël d'Isaac ; l'un devenant la brebis de la bergerie, l'autre le loup. Cette séparation le conduit à offrir à la brebis, des plaines riches et verdoyantes. Puis, pour apporter une paix précaire, les humains ont opté pour la séparation des deux pouvoirs, même si tous deux avancent vers un même but. Mais la chose essentielle pour laquelle ils vivent n'est point évoquée de peur de créer une révolution.

Alors que recherche vraiment l'homme intérieur ?

La sainteté est une robe semblable a une membrane couvrant un corps. Si elle ne correspond pas, tout le corps est en souffrance. Pour éviter ce tourment, il a besoin de trouver ce qui lui convient. Il y a donc une lutte permanente, où l'un doit prendre le dessus ou être totalement séparé. Par ailleurs, l'homme église repose sur Dieu, et il est Saint intérieurement comme extérieurement. Il est la loi, celle qui le sanctifie, dans la mesure où la sanctification est une loi. Aussi puisque l'homme église incarne la loi, c'est à lui de dicter les règles de la société et d'être le représentant supérieur de l'État. Faut-il alors obéir à toutes les lois sans la sanctification qui est la loi suprême ? Cette loi est Dieu, donc celui qui l'incarne se met au-dessus de tous. En elle, réside le contenu des deux grands principes que recherche tout être humain : l'amour et le bonheur. Les règles de séparation de l'État et de Dieu, et celles de la souveraineté attribuée aux humains, sont pour cela des farces, ainsi qu'une inconvenance aux lois spirituelles telles que voulues par le créateur.

Comment peut-on dire que l'enfant a autorité sur son père ?

Si ce n'est pas le cas, le peuple dans son ensemble ne peut avoir autorité sur leur créateur. La souveraineté n'appartient donc pas aux humains mais à Dieu. De même, si l'on analyse le fait qu'un peuple arrive à renverser un régime en se soulevant, cela n'est pas vrai au sens spirituel, car la force qui anime ce peuple vient de Dieu et qu'il agit pour punir ce régime totalitaire. Si ces bouleversements venaient des humains, ils se seraient déchaînés à l'instant même où le régime dérape. L'Éternel observe ce pouvoir depuis des années s'il releve de sa position. Pendant ce temps, le peuple rechigne sous la couleur du sang et de la faim.

Puisque le moment est venu, le Seigneur envoie le peuple à la révolte. Il est sans pitié sur son chemin, déchire tout, semblable à un fauve, allant au bout de sa révolution. Il obtient finalement gain de cause et installe un système nouveau. Dieu a aidé le peuple, mais ces humains n'ont pas Dieu en eux. Celui-ci le fait souvent par grâce ou par amour envers une poignée de gens qui habitent ce pays et qui lui obéissent. Ils avancent sous la tyrannie du régime mais pour eux, Dieu accorde sa grâce à tous.

De plus, l'État est une organisation hiérarchisée, inspirée d'une croyance. Si la croyance est en Dieu, la séparation ne peut avoir lieu dans l'organisation de la vie humaine. Mais si elle ne l'est point, elle accepte le système de la cohabitation, qui consiste à joindre les deux pouvoirs, saint et non saint. Ce comportement est approuvé par Dieu si l'on tient compte de la parabole de l'ivraie (Matthieu 13 :24).

Aussi, cette volonté de lier les deux pouvoirs oblige les Saints à fournir plus d'efforts pour permettre à ceux qui ne le sont pas de changer de vie.

Alors on assiste à une lutte permanente et déséquilibrée dans le système, où l'une finira par surmonter l'autre. Et généralement, c'est la voie qui n'est pas sainte qui prend le dessus, lançant la société humaine dans la mauvaise direction, chapotée par Satan. Mais du point de vue humain, ce système donne l'impression que la cohabitation entre les deux principes fonctionne bien. Dieu ne peut que laisser les deux êtres vivre ensemble temporairement, bien que l'un empêche l'autre de grandir, à l'image de l'ivraie et du blé qui poussent dans un même champ. Dans cet aveuglement, l'un souffre terriblement pendant que l'autre ignore la douleur dans laquelle vit celui qui fait le Bien. On dira alors que l'un souffre par amour et que l'autre est heureux par ignorance. Toutefois, si le Bien établissait les lois qui régissent l'État, le Mal crierait sans doute au scandale car il verrait sa liberté considérablement réduite.

Il considèrerait cette mesure comme une menace et une privation de sa liberté, ce qui pourrait le conduire à l'irréparable ou à l'effondrement de la société humaine, son plaisir lui étant arraché. Il faut souligner que ces systèmes sont gérés avec sagesse, car ils s'orientent vers le même but mais avec des voies différentes. L'amour et le bonheur les caractérisent, la sainteté et la souillure les séparent. Mais dans la poursuite de l'objectif commun, l'un engloutira l'autre. Même si l'homme est originellement de nature croyante, il s'oriente mal et cela fâche Dieu. Il faut avoir un but pour construire un monde, il faut qu'un système périsse pour que l'autre vive. Mais lequel des deux ?

Au vu de l'avancée progressive du Mal avec les fulgurants progrès, on dira qu'il ne s'éloigne pas du but. Mais peut-il l'atteindre ?

Le Mal donne l'impression de satisfaire les besoins humains, mais il ne fait que planifier le désastre. En effet, parce que l'homme originel vit en s'appuyant sur le spirituel, il ne se conduit pas lui-même mais il est conduit. Il doit apporter satisfaction à tout ce qui s'impose à lui, le Bien ou le Mal. S'il ne s'appuyait que sur le Mal pour se construire, sa vie ne serait qu'une perte. Il se retrouverait dans un système dont il est prisonnier, sans atteindre son but. Il faut dire que le Mal satisfait l'ignorant, même s'il finit par éprouver du regret. Le Bien, quant à lui, satisfait chacun sans jamais rechigner. Il est donc judicieux de laisser la société se construire sur la base de la parole de Dieu, faiseuse de Bien, car elle préserve la vie et cultive l'amour, en plus d'écarter les préjugés et de partager le bonheur. La parole de Dieu ne conduit pas à la concurrence, source d'un conflit où l'un voudrait plus que l'autre. Si dans le système présent l'homme doit vivre sa croyance, elle lui demeure intérieure.

Elle ne devient extérieure que quand elle doit exprimer un besoin. Si tel n'est pas le cas, cela signifie que la vie n'a pas de sens. Il faut donc pénétrer dans les profondeurs de la pensée pour s'apercevoir que l'homme est croyant à l'intérieur qu'à l'extérieur. Il doit tout à son créateur et sa vie elle-même est intérieure. Elle est conçue pour permettre à l'extérieur d'avoir plus de visibilité sur l'univers et de manipuler ce qu'il est possible de l'être. L'extérieur ne contrôle rien d'intérieur, au contraire de l'intérieur qui régit l'extérieur. Si l'homme a une croyance extérieure, pourquoi vit-il pour ce qu'il doit devenir ou ce qu'il devient, au détriment de ce qu'il est vraiment. La nature intérieure surmonte l'extérieur car elle est l'organisatrice de la vie. Pour ce qui est des projets, ils sont intérieurs et conçus pour être visibles. Ils sont transmis par des ondes au corps et celui-ci les met en application.

Si un tel phénomène existe, il doit être identique lorsqu'il s'agit de rédiger les lois de la société, en vue d'améliorer le confort collectif. Il faut ainsi laisser l'évidence à celui qui en est le témoin, à celui dont l'intérieur est semblable à l'extérieur, que Dieu, dont nous reconnaissons l'existence, est une personne intérieure. Dans ce contexte, l'organisation de la société humaine ne peut favoriser un pseudo-état, et ne peut séparer ce qui est intérieur. L'église, que nous considérons comme l'intérieur du système, est de plein droit le législateur de la vie. Mais hélas, l'extérieur prend le dessus pour construire ce qu'il ne serait pas capable de conduire.

LA TRINITE

Considérant que l'esprit vient de Dieu, il en demeure moins un Saint-Esprit affecté à chaque être humain pieu. Si l'on utilise le signe de la trinité pour des raisons relationnelles, ce n'est pas juste car la relation repose sur quatre éléments à savoir, Dieu représenté par un ou plusieurs Saint-Esprit envoyés a un ou plusieurs être humains, l'homme en qualité de fils de Dieu, la femme en qualité de fille de Dieu et l'enfant. De nos jours l'on ne peut plus dire que Joshua est l'unique fils de Dieu, car tous ceux que Dieu élu en qualité de messie sont déclarés fils. Ils communiquent directement avec Dieu sans passer systématiquement par un intermédiaire. Joshua le déclare dans les évangiles de Marc chapitre 3 verset 34 à 35. Nous lisons ; *Puis jetant les regards sur ceux qui étaient assis tout autour de lui. Voici dit-il, ma mère et mes frères. Car, quiconque fait la volonté de Dieu, celui-là est mon frère, ma sœur, et ma mère.* C'est ainsi dans le royaume de Dieu.

LE MONDE SOUS L'EMPRISE DU DIABLE
**

Au niveau terrestre, Satan connaît les choses saintes. Il a rendu l'église aveugle et a affaibli sa puissance en envoyant des émissaires partout dans le monde.

Sur la terre, l'homme sans exception incarne le mal pour répandre le Mal. Sous la terre et sous les églises, les esprits sont présents et contrôlent tout. Alors les larmes des croyants et leurs hurlements sont vains. Même la bénédiction que leur offre Dieu dans sa grande miséricorde ne peut leur parvenir. Pires sont les congrégations qui ne manifestent pas la présence du Saint-Esprit et ceux qui ont fait de l'église une source financière.

Mais rien de tout ce qu'ils font ne parvient à toucher le cœur de Dieu. Il faut dire que, dans la quête de la vérité et dans leur aveuglement, beaucoup se sont ralliés à Satan en espérant un résultat satisfaisant et rapide. C'est pour la séparation du Saint avec l'impie que le processus de construction d'une nation sainte est lancé. Elle a débuté avec Adam au jardin d'Eden, lieu saint destiné à atteindre celui appelé le saint des saints. Mais elle a connu des échecs jusqu'à ce jour. Si elle devait l'être, l'autorité religieuse serait reconnue de tous. Elle doit défendre le droit à la sainteté, tel que voulu par Dieu. Ainsi, l'église ne doit pas exister en tant qu'entité religieuse mais en tant que nation. Elle doit être sainte en dedans et en dehors, et diffuser la lumière sur toute l'étendue de la terre. En effet, la recommandation de Joshua à Saint Pierre est de faire de la clé qu'il a reçue, une porte d'entrée accessible à tous dans la joie et la paix de l'âme, tout en préservant la sainteté.

Il ne s'agit pas pour autant de la présenter comme une maison, destinée à conserver scrupuleusement les coutumes, car certaines pratiques ancestrales n'étaient de mise qu'à une autre époque pour éveiller le Saint-Esprit. En guise d'exemple, le célibat était interdit par Dieu et le mariage obligatoire pour tous les Saints. L'apôtre Paul a fait cas du célibat pour illustrer son zèle à servir Dieu sans entrave. Mais l'idée d'IHVH-Adonaï est que l'homme soit l'époux d'une seule femme dans son royaume. Il ne serait alors pas question de parler de célibat ou de copier ce principe purement personnel érigé par l'apôtre Paul. De même, il est interdit de vénérer un autre esprit que Dieu, au regard du premier commandement. Marie, mère de Joshua, fait une plaidoirie devant Dieu en faveur de celui qui souffre. Mais cela ne lui confère pas le droit de recevoir des louanges, dans la mesure où sa sainteté n'a pas été maximisée au point d'être déclarée parfaite.

Seuls les messies sont reconnus ainsi et reçoivent les hommages d'un être vénéré. Ils deviennent Dieu parfait car le Père l'a voulu ainsi.

Les ancêtres ont légué quelque chose de très précieux, en la parole de Dieu contenue dans la Bible. Elle se révèle à tous, mais pour la comprendre, il est nécessaire de déterminer deux choses. D'une part, il convient de déterminer les raisons de la croyance et, d'autre part, de définir le but recherché par l'Éternel. De surcroît, on ne s'attache pas à Dieu car on souffre ou que l'on n'a pas de quoi se nourrir, mais plutôt parce qu'il est le Père. Cela s'apparente à un enfant qui aime ses parents non pas parce qu'ils le couvrent de cadeaux, mais car il reconnaît en eux le droit de parents et de les aimer. Si l'enfant ne peut rejeter ses parents, l'homme ne doit pas s'éloigner de Dieu non plus.

Il doit reconnaître en lui, la paternité. De la même manière, on ne saurait aimer sa famille pour les biens que l'on reçoit ou que l'on espère recevoir, au risque d'être un meurtrier et un Démon. S'il n'y a pas de biens matériels, il n'y a donc point de parents ! Il faut aimer Dieu parce qu'il est le Père de tous. Et l'aimer, c'est obéir à ses commandements, à l'image de l'enfant qui reçoit l'amour de ses parents quand il se montre obéissant. Si la nation de Dieu n'existe pas à ce jour, c'est du fait de la désobéissance du peuple. La chose sainte ne s'improvise pas et ne doit pas faire l'objet d'une copie, comme nous le constatons. L'Éternel reste ainsi le seul maître à décider qui est apte à conduire son œuvre. On peut décider de prendre la chose de force, mais le Saint-Esprit ne s'y associera jamais. Pour cela, l'œuvre arrachée de force est une coquille vide. Il faut, au contraire, s'attacher à l'oint de Dieu pour que la chose réussisse et que la grâce de Dieu se répande sur celui qui est venu en aide.

Malheureusement, du temps des apôtres, les humains n'ont pas compris que le cœur de Dieu agissait pour leur propre bonheur. Ils ont laissé la haine les envahir et ont choisi leur propre voie en se ralliant au Diable pour faire une pâle copie de ce royaume. Quand on observe l'évolution humaine de nos jours, on constate que les humains cherchent à se regrouper pour bâtir une nation forte et puissante. Mais quel en est le socle : Dieu ou Satan ? Ce point est prépondérant. Le royaume de Satan est déjà constitué aux sens physique et spirituel. Il est le monde actuel dans lequel vivent les humains, qui continuent à avancer avec ce principe pour aboutir au regroupement total. Il n'existe qu'une seule nation sur la terre sous la souveraineté de Satan, comme l'était autrefois la tour de Babel. Saint Pierre a ainsi reçu la clé pour qu'un tel projet n'aboutisse pas au profit de Satan, et pour ouvrir la porte afin de laisser entrer quiconque désirait venir à Dieu.

Hélas ! L'homme dans son ignorance a préféré laisser place à Satan. Pourtant, la chose sainte ne s'expérimente pas, elle se vit, et il convient de vivre Dieu avec obéissance. Pour ce qui est du pouvoir religieux, il devrait se prévaloir de ce droit de sainteté, afin de faire régner l'amour sur la terre au lieu de laisser le monde se construire sous la conduite du Diable. Il en ressort un monde où il ne se démarque point. Les faits bibliques montrent également clairement la vie nouvelle que veut Dieu pour les hommes. Un monde fait de construction, de bonheur, de longévité et de paix. Tout y est écrit. Il suffit simplement de le mettre en pratique en se désolidarisant de l'Ennemi en soi car, sans rejet du Mal, aucun système ne peut aboutir à une paix absolue.

Celle-ci est pourtant ce que recherche l'homme puisqu'à ses yeux, les disparités, les convoitises, le racisme et le rejet de l'autre ne sont que des attributs du Mal.

Au demeurant, l'obéissance dans la persévérance est le fondement sur lequel s'appuie l'homme pour construire ce grand édifice. Or, dès que l'on faillit à cette règle, Satan prend son cœur et l'âme devient un instrument non pour Dieu, mais pour l'Ennemi.

Pour cela, l'église ne devrait pas être qu'extérieure mais aussi intérieure. De par sa prédominance sur toutes les nations, elle doit laisser l'œuvre impure dans les mains de celui qui dispose seul de l'autorité. Il lui faut satisfaire les uns et les autres afin que la clé ne soit pas entachée. Aussi, la percée de l'évangile doit être suivie d'une pratique universelle et être capable de fonder la nation de Dieu, afin de réjouir son cœur.

Mais il n'est pas question d'édifier un tel monument à la gloire de Satan, c'est pourquoi Elohim dispersera les brebis qui n'ont pas reçu la sève pure dans les derniers temps.

ISRAËL

Ce grand nom que l'ange a donné à Jacob est celui du royaume de Dieu, sur toute l'étendue de la terre si cela avait eu lieu. Mais la race humaine n'a pas cherché à connaître le but de Dieu, trouvant ses principes trop rigides, contraires à leurs traditions. Pourtant, l'Éternel n'a pas abandonné son projet, et a préféré le poursuivre pour l'atteindre. Ainsi, les grandes nations s'orientent vers un déclin si elles poursuivent la voie que nous connaissons aujourd'hui. Quant à Israël, il ne se limite pas, selon le plan de Dieu, au pays actuellement en proie à une crise politique qui le déchire depuis plusieurs décennies.

La promesse faite à Abraham pour habiter à Canaan, devenue beaucoup plus tard Israël, préfigure le jardin d'Éden. Ce lieu profané mérite d'être restauré. C'est la raison du choix de ne conserver qu'une portion de terre plutôt que toute son étendue. Ce nom est saint et Dieu est obligé de le défendre sans parfois tenir compte du péché. On constate alors que certains pays sont déchirés politiquement en s'en prenant à ce nom. Lorsque l'on touche à ce dernier, le cœur de Dieu s'en trouve affecté. Et s'il y a lieu de punir ce nom, seul Elohim en a la qualité absolue, car toutes décisions prises de façon collégiale contre ce nom s'allient

56

automatiquement avec le Diable. Qu'Elohim se souvienne d'Abraham quand ce nom connaîtra une pléiade de moqueries car, quoi que l'on en dise, la chose spirituelle est malléable, mais elle demeure sacrée.

LA MATIERE ET L'IMMATERIEL

Tout est fait dans un ordre parfait et saint. Les êtres humains créés et devenus parfaits sont soumis à cette force, contrairement à ceux imparfaits qui ne bénéficient que d'un embryon de cette force, morte en eux. Du reste, les hommes parfaits deviennent des dieux car leurs caractéristiques uniques sont semblables à Dieu. Ils possèdent en eux la parole et la force de la parole agissante est universelle. Il se distingue ainsi de l'homme imparfait qui possède le Mal et qui ne ressemble point à Dieu.

C'est pourquoi l'homme parfait est le dieu de l'homme imparfait. Il est le temple originel de Dieu car Dieu est en lui, et lui est en Dieu. Dans cette optique, le Seigneur Joshua Ha Mashiah est en Dieu comme Dieu est en lui, ainsi que tous ceux qui, par le grand sacrifice de leur corps et de leur âme, expérimentent Dieu dans sa plénitude. Il en est de même pour la relation père et enfants, qui demeure éternelle et possède la force transcendantale de Dieu créateur. Néanmoins, il existe une différence entre Dieu créateur et Dieu-parfait, en la personne de l'homme car il est une matière. Et celui qui atteint la perfection n'est pas le Dieu créateur et ne le sera jamais. Bien qu'il possède les caractéristiques du bien absolu, sa force transcendantale est limitée, car il est une œuvre matérielle ou immatérielle, physique et/ou spirituelle, donc une oeuvre destructible dans les deux cas.

Or seul son créateur immatériel est indestructible et infini, comme l'est sa force transcendantale. Il est donc le Dieu Éternel et infini.

En outre, Lucifer aurait-il incarné le Mal absolu en possédant la force transcendantale infinie de gauche, émanant du centre énergétique de Dieu ? Sûrement, car l'Éternel Dieu, cet être autoconstitué, distingue le Bien du Mal. Sinon pourquoi aurait-il fait établir des lois aux enfants d'Israël afin qu'ils s'abstiennent du mal pour pratiquer le Bien ? Le centre énergétique est Bien, mais sa force transcendantale opposée devient négative (-) lorsque sa relativité transcendantale triomphe de son opposée positive (+). Alors Lucifer devient un dieu triomphaliste imparfait. Sa force triomphaliste fait de lui un dieu du Mal infini. Mais cette force peut se normaliser et devenir bonne quand sa relativité négative (-) régresse et se normalise. Ceci ne peut se faire que par le bon vouloir.

Tout être humain peut, par son bon vouloir, devenir dieu, à la seule condition de faire triompher le Bien en soi. Il est vrai que les esprits ont un grand pas d'avance sur le physique, mais l'homme physique peut se soustraire aux actes mauvais provoqués par les esprits impurs en se faisant violence. Cela est très difficile, et constitue une manœuvre de longue haleine, mais indispensable pour devenir un dieu saint. De manière générale, toute action mauvaise est poussée par un esprit qui l'est tout autant. Les intentions néfastes sont ainsi des passoires pour les mauvais esprits, qui voient les choses en vous espionnant, directement envoyés par leur maître. Cet esprit mauvais s'en saisit et vous pousse à l'acte. Satan, père incontesté du Mal, a le pouvoir d'orienter votre esprit et de le dominer. Dans la plupart des cas, la mauvaise intention est injectée par un esprit néfaste vivant en dehors ou en l'homme. Il envoie votre âme de force à passer à l'acte. Par ailleurs, Satan et l'Éternel Dieu ne peuvent travailler respectivement sans l'homme. En effet, si votre intention est mauvaise, vous devenez automatiquement l'ennemi de Dieu et l'ami de Satan. Votre corps spirituel devient donc un instrument pour l'un ou pour l'autre. Un esprit vous est alors affecté pour vous aider à accomplir une mission, lorsque celui-ci ne vit pas en vous. Il vient vers vous avec sa feuille de route où est mentionné ce que vous devez faire ou ne pas faire. Violer cette loi est passible de souffrance ou de mort.

De plus, depuis le péché, l'homme est vulnérable. Le pire qui puisse lui arriver est de ne pas pouvoir lire la pensée d'autrui et de voir un esprit. En effet, ces forces existent en nous, mais elles sont mortes. Les réveiller exige la purification pour ceux du camp de Dieu.

Les esprits sont eux aussi vulnérables, mais leur algorithme de croissance est plus élevé que l'homme matière, car ils sont immortels et conçus avec la matière invisible (immatérielle).

Ils peuvent être éloignés de l'homme un long moment, puis revenir. Quant à l'homme physique, il peut être éloigné pour toujours et ne jamais revenir, car il est matière physique et que son algorithme décroît pour devenir périssable. Contrairement à l'homme spirituel, qui est aussi un esprit, il possède les mêmes caractéristiques algorithmiques qu'un ange. Il peut donc développer des capacités à faire le Mal ou le Bien, et à être un être suprême comme le fit Lucifer devenu Satan. Il dispose donc en lui de toutes les forces pour dominer et pour le Bien, mais toutes ont été inversées pour le Mal.

Pour ce qui est de la technologie, elle émane d'un ouvrage de la force salvatrice et gracieuse de Dieu, et est conçue pour l'éternité. Les plus curieux ou les plus gracieux reçoivent de cette force des révélations en tout genre, notamment concernant les constructions technologiques et scientifiques.

Le monde imparfait par nature ne peut que recevoir ce qui est de l'imperfection pour sa protection ou sa défense. Et même si les découvertes émanent du monde spirituel, cela ne signifie pas qu'il les fabrique pour les transmettre aux humains sur la terre. Ces armes ou ces engins destructeurs ne sont que pour les imparfaits. Ainsi, si les anges en possédaient, cela signifierait qu'ils sont en état de perfection. De même, si l'Éternel Dieu fabriquait avec ses anges des armes pour se protéger, Dieu lui-même serait impuissant et deviendrait un être immatériel avec une force transcendantale limitée. Imaginons que sur la terre tous atteignent la perfection. Qui aurait besoin d'une arme à feu pour se protéger et d'ailleurs contre qui le ferait-il ? La parole de l'homme pur est une arme très puissante, elle est un cri de dissuasion, et son corps devient un corps de feu ardent. En compagnie d'un tel homme, il faut faire attention au risque de provoquer son courroux, qui vous détruirez pour toujours.

Le roi babylonien Nebucanesar s'est glorifié devant Dieu et l'Éternel lui cria dessus. Il devint alors un lion et il vécut en brousse durant sept années avant de retrouver ses esprits et de se repentir. Aussi, les êtres humains recherchent des forces extérieures pour se protéger et ils sollicitent les esprits pour obtenir des recettes, faites généralement de plantes, car ils craignent pour leur vie. Cela provient du fait que l'homme est incarné par le Mal. Or, toutes ces protections sont temporaires et ne peuvent être renouvelées au risque que l'homme devienne vulnérable dans cette jungle, où il ne fait qu'aiguiser son glaive contre son prochain. La parole demeure donc sans effet, contrairement à l'homme dieu ou parfait, dont la parole pure est à effet immédiat. Un corps de feu vaut ainsi mieux que les armes, mais il faut être parfait pour en posséder un pour toujours. Pour le croyant fidèle, il s'agit de la plus haute protection qu'il puisse recevoir de son Père céleste.

Dans un monde du Bien et saint, le recours à l'arme de destruction serait pour sa part inutile. En effet, chaque être parfait y possèderait sa propre arme reçue par la force transcendantale de l'Éternel Dieu, la puissance suprême. Les humains bâtissent cependant des nations qui courent à leur perte parce qu'elles craignent les attaques à venir. C'est alors la course à l'arme de destruction massive ou à la bombe atomique. Mais la nation qui détiendra la force transcendantale de Dieu sera la plus puissante, car elle sera indestructible et immensément riche. Elle sera un monde parfait, où l'Éternel Dieu est au centre de toutes leurs actions. Elle pourra posséder plus qu'une arme atomique, l'arme de la parole pour bénir ou punir. Le royaume de Sodome et de Gomorrhe a par exemple été détruit par la parole des anges. La femme de Lot devint pour sa part une statue de sel, faute de ne pas avoir respecté la parole.

Quant à l'acte d'Élisée, qui fit tuer les enfants par un ours,
il récolta leurs moqueries et agit par la pensée de la parole intérieure. La Bible dit que l'ours sortit et tua les enfants. Pourquoi Élisée ne fut-il pas arrêté et puni par les hommes ou par Dieu lui-même ? Tuer est pourtant puni par la loi mosaïque. Ne peut-on pas tuer un être humain parce qu'il s'est moqué de vous ? Un tel mal fut imputé à Élisée par le Dieu créateur car le but ultime est Bien.

On n'attaque pas l'oint de Dieu, et on ne juge pas ce que Dieu n'a pas autorisé à juger. Jamais encore n'a été vu celui à qui on donne une arme et à qui on conseille de ne pas s'en servir. Élisée n'étant pas parfait, il possède la force de la parole, dont il s'est servi pour se défendre. Si un homme imparfait fait de telles choses, comment procèdera donc celui qui est parfait ? Toutes ces remarques montrent de façon significative, la hauteur de la puissance de la parole conduite par la force transcendantale. L'homme doit être parfait comme son Père céleste l'est. C'est un cadeau du ciel pur.

LE MONDE REEL ET LE MONDE IRREEL
(LES ENCOURS)
**

Le monde réel est celui de la matière. La terre et le ciel, des lieux de résidence. Pour ce qui est des gens purs et en état de perfection, ils sont les futurs dieux. Ils vivront vidés de tout mal, car leur algorithme de croissance Bien, encours de maximisation, pourra leur fera voir beaucoup de choses, tant du monde réel que du monde irréel. Le monde réel sera alors lumineux par l'omniprésence de Dieu et le corps humain intérieur aura un habit de lumière. Mais cette lumière n'aura pas la même grandeur selon les personnes.

Certains seront rayonnants parce qu'ils ont davantage augmenté leur capacité algorithmique de Bien. Pour d'autres, ce ne sera plus une lumière, mais un corps de feu qui les habillera.

La terre sera fertile et produira de bonnes semences sans qu'il soit nécessaire d'y adjoindre des intrants et des produits phytosanitaires, car la sanction de Dieu maudissant la terre sera levée.

On constatera la coexistence avec les saints revenus à la vie, mais dans leurs corps spirituels. La présence des anges sera temporaire car ils ne travaillent que pour les hommes parfaits et de façon permanente.

De leur côté, les femmes n'auront plus de problème à l'accouchement parce qu'elles seront en croissance spirituelle. L'Éternel Dieu aura, lui, manifesté son omniprésence comme l'air que l'on respire. On ne se posera donc plus la question « Où est Dieu ? » puisqu'il sera là en permanence, dans l'air. Tous le sentiront et le respireront. De même, les mauvaises pensées envers son prochain auront disparu,

car l'homme ne peut qu'incarner l'amour, ce qui produira un effet de réciprocité. Les deux mondes constituent de ce fait des encours, car le processus de croissance ne s'arrêtera que lorsque seront apparus les deux mondes parfaits, le ciel et la terre. Cependant, les encours en matière de communication ne se feront pas de façon immédiate. Bien que, dans la première phase, Dieu ait sanctifié une portion de terre, cela ne suffira pas à établir la conclusion de ce but. Les hommes sanctifiés doivent fournir d'autres efforts, non seulement pour augmenter leur croissance algorithmique de bien, mais aussi pour incarner Dieu en totalité. Mais ils mèneront la guerre pour la conquête de la souveraineté divine.

Concernant les hommes politiques, disons les petits dieux, bien qu'ils soient en perfection, ils doivent conserver l'obéissance au logos de Dieu et faire ce qu'il leur exige.

Ils sont réduits à jouer les policiers du monde dans le seul intérêt d'apporter la paix, mais aussi d'aider au développement sur la voie divine imposée par l'Éternel. Une nation sainte contre une nation impure, cette guerre non humaine va consister à tuer tous les infidèles et à piller tous leurs biens au profit des fidèles. Ce comportement ne constitue pas un péché, car le Mal ne peut coexister avec le Bien, et car la nature et le but de Dieu sont le Bien absolu. Si le Mal a existé, c'est alors lui qui a pillé la fortune du Bien depuis plusieurs siècles. Maintenant que la tendance va être inversée, le Bien s'en va en guerre et conquit le territoire du Mal, lui arrachant la fortune qui lui a été volée. De nos jours, les nations qui empruntent cette voie se placent du côté du Mal et détournent la fortune du Bien. Joshua Ha Mashiah a déclaré à ce propos qu'avant de faire des reproches à l'autre, il faut se les faire à soi, en s'éloignant du même mal dont on souffre.

Aussi, sans la sanctification, aucune nation ne peut se prévaloir du Bien en en attaquant une autre au motif de lui enseigner un bien quelconque. C'est Dieu qui inverse la situation par le soulèvement du peuple ou l'extermination par des anges, à l'instar de la ville de Sodome.

C'est pourquoi, dans les derniers jours, ces pays seront étonnés au point de ne pas comprendre l'outrecuidance d'une autre nation, aussi petite soit-elle, d'avoir gagné la guerre contre une plus puissante.

Les dieux, notamment des monarques, dirigeront la nation avec une main de fer au point de s'affirmer devant les grandes puissances, et de les vaincre si une opposition à leur vision venait s'afficher.

Par ailleurs, le monde réel en cours de croissance n'est qu'un processus de perfectionnement.

Cette transition ne peut que subir d'autres améliorations aussi légères que troublantes, car la guerre ne finira que quand le monde entier sera sanctifié.

Et tout ce travail ne peut aboutir sans l'assistance du monde irréel. Uni par un lien d'amour et de relation sincère, il doit s'imposer sur la terre pour que le but de Dieu s'accomplisse. Au cœur de cette croissance, les humains ne peuvent que souffrir dans leur prise de responsabilité à faire du ciel et de la terre des lieux saints pour tous les êtres physiques et spirituels.

Le résultat de ce combat de longue haleine est un monde réel et irréel parfait, à perpétuité. Quand cela aura-t-il lieu ? Les dieux y seront des gens surdoués, presque surnaturels, qui possèderont le miracle et dont la parole se réalisera de façon immédiate. Il n'y aura plus de guerres, de famine ou de souffrance. Ces divins incarneront tous Dieu et ils seront parfaits, car leur algorithme de croissance aura maximisé le Bien, le caractère de l'excellence. Dieu sera en eux et eux seront en Dieu. Le ciel s'ouvrira totalement à leur vue comme s'ils marchaient sur la terre visible ; l'invisible étant alors visible.

Quant aux grandes eaux, elles s'éloigneront ou se tariront pour laisser place à la terre fertile. La technologie et la science existeront toujours pour faciliter le déplacement rapide des corps physiques. Ce jour-là, il n'existera qu'une seule nation sur la terre, composée d'humains de différentes couleurs de peau, si bien que la discrimination et le racisme auront disparu. L'église sera Dieu lui-même, sans une quelconque forme de culte. L'homme, qui incarne Dieu, deviendra parfait, et ne pourra que respirer, toucher même ce qui est esprit et le sentir. Il pourra voir et manger avec un ange comme il festoie avec son semblable. Le corps spirituel des gens parfaits transcendera le temps et l'espace pour un but parfait.

Concernant le commerce, il aura disparu, tout comme la maladie. L'homme sera rassasié de jours comme nos premiers ancêtres, et il aura également le privilège de quitter son corps physique à la demande.

Du reste, quelle sera la place des dieux dans le royaume ? Le système politique sera semblable à une constitution familiale, où les chefs de famille auront le droit de garde. Dieu, qui possède la terre, sera le garant de son peuple et le seul juge de l'homme.

Dans cette optique, le Bien, enraciné en l'homme parfait, ne pensera jamais au mal. Alors pourquoi lui donner un chef et des

ministres si la loi, qui a la racine Bien, ne souffre pas de Mal ?
L'homme emprunte le caractère de Dieu et devient lui-même
dieu parfait pour l'éternité. Alors l'Éternel achève son œuvre et se
repose.

C'est toute cette grande qualité qu'a copié Satan pour devenir le
seul maître. Mais Dieu ne lui a pas permis d'y arriver, car son choix
est mal pour un but Mal. À l'opposé, le centre énergétique de Dieu,
appelé le noyau, est fondé sur le Bien pour un but Bien.

L'ESPRIT

Il est une matière spirituelle périssable. Prenons l'exemple
d'Apocalypse 20 : 9, qui nous parle de la mort des esprits. C'est un
vent transparent comme du verre, qui peut prendre la forme de
son choix. Il transcende et n'a pas de limite. Intelligent, il mange et
parle au même titre qu'un être physique, s'il revêt sa forme
humaine.

Lors de sa grande vision et de ses nombreux voyages à travers le
monde spirituel, Viki a découvert des choses étranges. Il atteste
l'imminence du retour de Joshua sur la terre.

De même, la parole sainte entre dans sa phase d'accomplissement.
Il va rencontrer six dieux, qui sont sans doute des personnes qui
ont atteint un niveau d'élévation spirituelle important ou qui sont
des esprits rebelles qui ont fait du zèle. Ce sont des dieux grâce à
leurs pouvoirs et leur prestance sur la terre. Ils ont poussé les
humains à les adorer eux plutôt que le vrai Dieu IHVH-Adonaï.

En outre, pour construire toute chose, il faut une fondation solide
et durable, comme cela est le cas d'une maison, faite pour contenir

tout ce que l'on peut prendre et garder. Dans l'Antiquité, certains peuples l'ont bien compris et recherchent un fondement pour s'y établir et dominer. Ce sont des dieux étranges auxquels ils se sont attachés. Ces dieux sont devenus des fondations car ils ont transmis leurs rites à leurs fidèles sur la terre. Suffisamment élevés en puissance, ils ont favorisé l'émergence de leur peuple et ont bâti des nations fortes en initiant un culte à leur honneur.

Ils étaient ainsi partie prenante dans les expéditions. Un peuple puissant a un dieu puissant car, en tant que socle de cette nation, il ne peut laisser son peuple fidèle en perdition. Les humains, ayant compris que leur force dépendrait d'un dieu, ont par ailleurs triomphé de leur prochain avec d'importants sacrifices. On distingue alors les peuples à partir de leurs croyances. Ces dieux n'ont pas besoin de sainteté, mais plutôt de puissance à l'exception du Dieu d'Israël, le tout-puissant. Concernant les rites, ils nécessitent de la pureté et de la sainteté. Alors son peuple doit obéir pour être le plus fort sur la terre. Mais il trouve ses pratiques trop rigides et compliquées pour le suivre et adhérer à des principes totalement opposés aux autres dieux. Le Mal est pour sa part un dieu aux pratiques moins contraignantes, car c'est lui qui s'exprime facilement sur la terre et tout le monde y est habitué. Le Bien est aussi un dieu, mais qui est très difficile à exprimer et qui n'intervient qu'en deuxième position, comme un recours.

Si l'on ajoute la sainteté, cela vient durcir l'exercice du Bien, car elle est ce que le peuple du Dieu Saint ne veut pas pratiquer. À l'époque, les conquêtes faisaient appel à des dieux puissants pour gagner, mais cela n'était possible qu'en respectant les rites et les cultes. Il était difficile pour le peuple du Dieu Saint de comprendre son Dieu, alors il désobéit. Les autres peuples, qui s'exprimaient plus facilement, gardèrent leur dominance sur le peuple du Dieu Saint. Le monde a ainsi fonctionné sous l'égide des dieux faibles ayant des peuples forts, plutôt que sous celle d'un dieu puissant avec un peuple faible.

Alors la croyance va connaître un essor du côté du Dieu Saint, qui mit en lumière la stratégie réformatrice d'un nouveau peuple pour les conquêtes à venir.

Ces forces existent toujours, mais la vétusté de leurs fondations a impacté les peuples au point de les anéantir complètement pour que le peuple Saint puisse s'épanouir.

D'ailleurs, tout fondement, qu'importe sa teneur, a besoin de temps pour que la chose ait lieu. Le néant est en effet utile car il sert à réaliser autre chose. Or cette chose requiert du néant, d'où l'espace utile à la chose pour être fixée. Pour gagner et arriver à ses fins, le Dieu Saint aura pour stratégie d'utiliser le néant. Mais de quel néant a-t-il besoin pour ce faire ? Du néant existant ou du néant provoqué ? Les autres dieux ont fait usage du néant existant pour leur victoire, tandis que le Dieu Saint préfère créer lui-même le néant. Disons qu'il utilisera le néant provoqué pour remporter la victoire sur les autres dieux. Dans ce cas, on ne parlera pas de temps mais de la chose toute faite grâce au néant. Par ailleurs, ces dieux tout comme les humains sont-ils éternels ? Si l'on parle de la matière spirituelle, elle est éternelle mais l'acte que l'on pose ne l'est point. Toutefois, on sait qu'il y a une éternité en lui, bien que la matière physique dont il est incarné soit assujettie à la durée.

De ce fait, l'éternité qu'il porte devient une durée, et ses projets ne sont que des temps, qu'il programme pour une durée restreinte, par crainte de la mort et de ne pas être utile à son œuvre. Cela s'applique également aux autres dieux, qui agissent pour la durée du temps, tout en sachant que tout est éternel lorsqu'il est axé sur le Bien sanctifié. Dans ce cas, il existe bel et bien une éternité pour le corps spirituel et pour l'œuvre.

De surcroît, six dieux ont manifesté leur présence sur la terre à travers des cultes et des rites. La plupart anime les grandes religions monothéistes dans le monde, dont :

◈ Le dieu des mers : son signe est le trident et il détient l'esprit de tous les morts dans la mer. Il attribue la richesse à tous ceux qui se confient à lui par obéissance à ses principes. Il a de même introduit la voyance dans ses préceptes et sera mis en échec par la venue de l'Éternel Dieu.

◈ Le dieu soleil : ses signes sont le soleil et la lune. Il a imposé les astres comme des objets de culte et de la voyance astrale. Il se fait adorer d'un peuple et échouera par la venue d'YHVH.

◈ Le dieu X : son signe est une croix dans la main. Il dispose du pouvoir de tuer et d'écraser ses ennemis, et vit de la vengeance et de la possibilité d'infliger un atroce châtiment. Il sera lui aussi jeté dans l'abîme.

◈ Le dieu extravagant : il se fait adorer des humains sur la terre. Son signe est un petit point rond sur les fronts. Il est le père de la magie astrale, et il peut à la fois prodiguer la mort subite et donner de la puissance. Dans ses habits d'apparat, il est assis dans un feu. Il sera éteint et jeté avec son siège dans l'abîme.

◈ Le dieu à six bras : Il est animé par le pouvoir de tout saisir et d'en prendre possession, mais aussi de donner la chance et de prodiguer la malédiction. Il se fait adorer d'un peuple sur la terre, avant d'être descendu dans l'abîme.

◈ Le dieu cyclone : son signe est le triangle dans lequel se trouve un œil qui lui donne du zèle. Il voit tout et contrôle tout. Il est capable de percer les mystères, même les plus cachés, avec l'œil situé sur son front. Il sera également éteint et descendu dans l'abîme.

Pour ces dieux, seule la repentance leur éviterait l'abîme, auquel cas ils devraient obliger leur peuple à rebrousser chemin. Il faut souligner que ces esprits ont usé de la connaissance spirituelle et de ses secrets pour devenir des dieux que l'on doit adorer. Les esprits copient eux aussi le plan du Dieu créateur. Puisqu'il est écrit que les Messies doivent être servis comme des Dieux, les esprits impurs agissent pareillement.

Ils se privent de tout pour atteindre un niveau spirituel élevé et habiter le ciel. La terre est alors aussi souillée que ne l'est le ciel. Pourtant, la sphère sainte revient aux seuls saints déclarés par YHVH, et Joshua est à l'entrée du royaume de Dieu jusqu'alors vide. Tu ne mettras pas d'autres dieux devant ma face (Ex 20 : 3), déclare YHVH. On peut finalement s'interroger sur la raison pour laquelle les chrétiens adorent Joshua, leur sauveur.

La règle d'YHVH à l'égard de son culte est que l'homme parfait est le Dieu de l'homme imparfait, symbolisé par l'arbre de vie dont parle la Bible. Il est bon de savoir que nul autre ne doit s'attribuer une tâche ou s'en faire attribuer une par un autre esprit pour l'exercice des œuvres saintes, à l'exception d'YHVH.

Le parcours mystérieux du jeune homme au ciel montre de façon significative que Dieu, créateur de toutes les choses, est vivant. Au ciel, Joshua est transparent comme du cristal et il est vrai que nul ne va à YHVH sans passer par lui.

Il vous donne une autorisation avant que vous ne glissiez vers le Père, le tout-puissant, dont l'entrée dispose d'un feu éternel. Mais cette porte de feu circulaire n'est rien d'autre que l'accès au royaume de Dieu par Joshua. Vous traversez cet espace de lumière et vous serez conduit vers le créateur, au-dessus, comme dans un autre ciel. Dans la sphère de Joshua et YHVH, aucun être n'habite. Ils sont seuls et chacun possède sa zone. Quand on observe la sphère de Dieu, on constate que le Père s'est muré dans la solitude, semblable à un Père qui tourne le dos à ses enfants car il en a marre. Cette demeure est celle qui doit être sur la terre, là où vit Dieu. Elle est le royaume saint, comme l'évoque Joshua : « *Père, que ta volonté soit faite sur la terre comme au ciel* ».
Pour paraphraser, il pourrait être dit que ta demeure au ciel soit la même sur la terre.

LA MORT SPIRITUELLE

Lorsque l'homme désobéit à Dieu par la ruse du Diable, il reçoit dans son corps un esprit de nature mauvaise qui le domine. Alors, dans sa phase d'immaturité, cet esprit prend les commandes et l'homme ne peut qu'obéir aux exigences de son nouveau maître. Aux yeux d'YHVH, l'homme est considéré comme mort parce qu'il l'a perdu. De ce fait, la mort spirituelle est la déconnexion entre l'esprit de Dieu et celui de l'homme.

LA MORT PHYSIQUE

Elle est la déconnexion de l'âme de l'Esprit par la rupture du cordon d'argent, mais également un esprit qui occupe tous les sens de l'homme. Dans ce cas précis, on ne meurt pas tant qu'un autre esprit ne vient pas et le couvre. Cela s'apparente au fait de verser du goudron sur un corps pour l'empêcher de se mouvoir. On est donc déclaré mort par étouffement. L'âme est un élément de la terre, elle ne meurt pas, et s'endort juste dans la tombe. Mais très souvent, le Diable s'en sert pour ses activités sataniques.

L'âme, qui est attachée à la chair, permet à celle-ci de percer les mystères de la vie terrestre, d'apporter le bonheur terrestre à l'homme, en lui rapportant des informations qu'elle recueille dans des lieux très lointains sur la terre et sous la terre. Imaginez-vous que l'homme physique soit éternel. Satan gagnerait la terre pour l'éternité par l'entremise de l'homme qui lui obéit. Mais la mort demeure une fragilité dans la conquête de la terre.

Les âmes mauvaises sont souvent ressuscitées par le Diable pour contribuer à ses activités. L'esprit pénètre alors dans le monde spirituel pour être emprisonné, tandis que l'âme demeure lourde et presque immobile. Ses capacités sont moins importantes que celles de l'Esprit qui peut toucher un objet physique, car l'âme est très proche de la chair. Il ne peut atteindre certain lieu ni même aller au ciel, il lui faut de l'aide.

Pareillement, ceux qui ne sont pas fidèles à Dieu sont sous l'influence du Diable, et ce dernier peut utiliser leur âme comme bon lui semble. Pour cela, si une âme pose un acte mauvais, cela est un peché au même titre que le peché de la chair, qui requiert la repentance. Il faut souligner qu'il n'est pas facile pour Dieu ou Satan de trouver la personne idéale pour mener une action. Ils ont besoin d'une autre personne avec qui coopérer pour la doter du pouvoir que lui transmet l'esprit de celui qui est mort. Aussi, tout homme même très saint est appelé à mourir, parce qu'il faut abandonner le corps terrestre qui fragilise l'Esprit, et qui n'a pas besoin de la chair pour vivre, contrairement à l'âme. L'Éternel Dieu a institué l'âme pour attribuer plus de mouvement à la chair, il est une sorte d'interface entre le physique et le spirituel. On peut lui allouer le nom d'esprit mortel. L'Éternel Dieu, lui-même Esprit, ne veut pas que sa créature humaine reste éternelle dans un corps périssable.

Il a besoin d'avoir l'homme auprès de lui, mais dans un corps où il est libre de ses mouvements au même titre que lui, Dieu. Disons qu'il ne créa l'âme (esprit périssable) que pour un besoin d'ordre temporaire. De même, certains sont tombés dans la ruse du Diable en se donnant pour mission de mettre fin aux fonctions de l'âme d'autrui, soit en tuant, car ils savent que c'est un esprit qui ne conserve pas la vie éternelle. Tout homme ayant atteint la perfection doit mourir pour se séparer de ce qui est périssable et se revêtir du non périssable. Le Seigneur Joshua doit également obligatoirement passer par cette voie, même si la crucifixion n'est pas intervenue. La Bible dit que « tous sont mort en Adam, mais tous vivent en Joshua ». Or, nous savons que tous ceux qui ont cru au fils de Dieu sont morts, y compris le sauveur lui-même. La mort physique est donc naturelle et imposée par Dieu.

LA RESURRECTION

Elle est le retour de l'âme de tous ceux qui sont morts physiquement lorsqu'ils étaient sur la terre, et qui ont donné leur vie à Dieu par la pratique du Bien. Ils reviennent à la vie pour aider les vivants saints à grandir et à atteindre la perfection. Dans cette relation ultime, l'un reçoit de l'autre et la croissance spirituelle intervient pour satisfaire les deux êtres. Après avoir atteint la perfection, peut-on dire que l'être spirituel revêtirait de la chair et vivrait avec l'autre sur la terre ?

Nous savons que l'être physique mourra dans tous les cas pour aider un parent à atteindre la perfection. Mais en aucun cas, la résurrection ne peut donner lieu à un revêtement du corps physique. Dans ce cas, si l'on atteint la perfection de son vivant, cela serait préférable qu'il soit éternel étant dans sa chair, car il a accompli le but de Dieu pour la croissance spirituelle. Pourquoi donc mourir tout en sachant que l'on n'a plus à glorifier Dieu ? L'Éternel lui-même annonce qu'il n'est pas le Dieu des morts, mais celui des vivants. Si les morts revêtent de la chair, tel qu'atteste le livre d'Ezechiel (ch37 v6) est circonstantiel. le système de la coopération est inutile, car le mort n'aurait qu'à se parer d'une chair et à vivre parmi les humains sans passer par une coopération. Et si le revêtement de chair existe pour les morts, la procréation est inutile. En effet, le pouvoir de procréer appartient aux vivants et non aux morts, et la chair produit la chair, contrairement à l'esprit.

C'est pourquoi, les Esprits n'ont pas reçu l'ordre d'avoir des rapports sexuels ; le phénomène de procréation n'existant que pour le corps fait de chair. Si un esprit s'accouple avec un corps physique ou une âme, c'est une violation grave du droit divin car, dans le royaume de Dieu au ciel, le rapport sexuel est interdit. Quel en est alors l'intérêt ? Semblable à un enfant né, a-t-il le droit de retourner dans le sein de sa mère ? Il évolue vers un autre monde et l'Éternel Dieu lui-même a choisi un corps où il est à son aise. Cela est spirituel. Il souhaite de même pour ses enfants.

L'ORGANISATION DU DIABLE

Satan a fabriqué des esprits impurs sur l'ensemble de la terre et au ciel. Il dispose également des princes Démons, qui l'adorent au même titre que l'Éternel. Satan s'est fait dieu en faisant tout ce que fait le Saint. Disons qu'il a atteint son but puisque l'homme et la terre sont à lui. Il dirige et contrôle son royaume en affectant des légions de Démons dans les eaux, les forêts, et dans tous les corps physiques et spirituels.

Au demeurant, aux yeux de Dieu, le corps de l'homme pécheur est semblable à un essaim d'abeilles ou à une masse de mouches sur une dépouille. Les esprits impurs y sont collés. La créature merveilleuse de Dieu est ainsi devenue un terrier pour les démons. Quant à Satan, il a atteint un haut niveau spirituel et il s'en sert pour conserver le monde pour lui seul. Il met son intelligence en œuvre pour construire le monde à l'image de ce que Dieu comptait faire. Cela aboutit au grand royaume sous le règne de Satan au lieu du règne de Dieu. On se demande si cet archange n'a pas atteint la perfection puis chuté, puisqu'après avoir atteint la perfection, on peut toujours changer de position. Lorsque les facultés sensorielles et auditives sont suffisamment ouvertes, la convoitise ou l'orgueil peuvent conduire au Mal. Si l'on jalouse son prochain pour ce qu'il possède, et qu'il avance sa main car ses facultés sensorielles lui permettent de voir, il devient alors un rétrograde. Cela est sans doute le cas de Lucifer qui, dans cette chute, se sert de la matrice qui est en lui.

Face à cela, IHVH-Adonaï ne peut rester indifférent, et il lui faut un nouvel être humain capable de faire tomber Satan, ou tout du moins de réduire sa force. Dieu fabrique alors Joshua, que la Bible appelle le second Adam, le premier ayant échoué. Pourquoi Joshua baptise du Saint-Esprit ? Car dans le corps de tout être humain se trouve un esprit impur qui le domine et l'empêche d'aller vers Dieu.

Le Saint-Esprit est un esprit humain. Dès lors qu'on le reçoit, il vient habiter en vous sous la forme de la lumière. Sa venue oblige l'esprit impur racine qui est en vous à partir pour lui laisser la libre place, car il est saint. Il vous conduit ensuite à mener une vie pieuse si vous l'écoutez.

Cet esprit en vous ne signifie pas que vous êtes totalement Saint, simplement que l'une des bases mauvaises a été ôtée. Vous prenez une nouvelle racine, ce que la Bible appelle être né de nouveau. Vous êtes connecté à Dieu par Joshua. Vous recevez de lui et il reçoit de vous. C'est la raison pour laquelle Joshua dit qu'il est le vrai cep (arbre), que tous ceux qui croient en son nom sont des sarments (les branches de l'arbre), et que la sève qui coule dans le vrai arbre est la même que celle qui coule dans les branches. Le Saint-Esprit qui est en lui est donc le même dans les fidèles en son nom.

POURQUOI JOSHUA UTILISE-T-IL L'ARBRE POUR LE SYMBOLISER ?

*****

Tout ce que Dieu a créé est horizontal, à l'exception de l'arbre et de l'homme qui sont verticaux. L'arbre a des branches et des feuilles, comme l'homme a des bras et des oreilles. Il possède un tronc comme l'homme a un buste. L'arbre a des racines comme l'homme a des pieds. Si toutefois l'on obéissait à Dieu. Ainsi, l'arbre symbolise l'homme et l'homme symbolise l'église. Le temple dans lequel doit vivre Dieu est représenté par le Saint-Esprit, et il est celui que Satan a souillé.

C'est pourquoi Joshua est le modèle de tous les croyants.

Ils doivent faire comme lui en recevant le baptême d'eau par immersion, en jeûnant au moins une fois quarante jours, puis en restant fidèle dans la persévérance jusqu'à atteindre la perfection qui est le processus de croissance du Saint-Esprit. Joshua doit demeurer en l'homme pour grandir et être parfait comme son créateur. Il devient Dieu.

Un esprit transcende. Il peut faire le tour du monde en un clin d'œil et voit tout. Il est capable de se transformer en tout et peut intégrer tous les corps solides, liquides et aériens. De plus, certains ont accumulé tellement de Mal que leur esprit se transforme en chien, en chat, en serpent ou bien en souris. Au cours de cette transformation satanique, par exemple en souris, l'esprit peut trouver sur son chemin un chat affamé qui fait de lui son repas, de même que le serpent peut rencontrer un alligator, ce qui signerait sa fin. Ce pouvoir est donné aux humains parfaits, car Dieu est en eux, et ils peuvent se transformer à la demande de leur créateur.

L'esprit de l'homme Saint ou impur peut également acquérir d'autres capacités, dont l'intelligence et le pouvoir de créer. Cette force, Satan s'en sert pour dominer l'homme qui est dans un état d'immaturité ou de mort spirituelle.

Concernant l'écrit biblique, il révèle beaucoup de mystères, tels que la chute de l'homme, le plan de rachat progressif et la destination finale. La créature humaine existe pour être l'enfant de son créateur et lui apporter de la joie, après que toutes les choses aient été créées, comme cela est écrit dans le livre saint. Et Dieu approuve son œuvre en manifestant de la joie.

L'Éternel arrose ainsi la terre de richesses et l'homme obtient la jouissance de ces biens. Ce lieu verdoyant était un véritable paradis et l'amour que
l'on portait à Dieu se vivait au quotidien. En effet, l'homme possède toutes les caractéristiques de son créateur, à l'image de toutes les autres créatures.

L'AME

L'Éternel créa l'homme âme (esprit rattaché) et couvrit l'âme de terre pour générer un être chair. Quant à l'esprit, il est conçu avec l'air qui incarne le corps. C'est ainsi que l'homme a été modelé et qu'il vit sur la terre. Dans le cas du mariage, l'âme de la femme vient aider celle de l'homme à évoluer rapidement dans la vie. Si cette relation n'est pas établie, le couple rencontrera des difficultés sans jamais caresser le bonheur, à moins de restaurer cette union. C'est pourquoi il faut faire attention quand on choisit sa future épouse.

Les deux âmes doivent s'aimer fortement pour qu'il y ait moins de problèmes dans le foyer, et vivre la parole de Dieu.

Pareillement, pour respecter le principe du créateur avant et après le mariage, l'homme ne doit se marier qu'une fois, sans jamais divorcer. Il y a aussi des mariés dont les âmes ne se sont jamais unies, puis certains qui épousent des femmes à l'esprit impur, ce qui engendre bien des problèmes. Ces conjoints physiques meurent souvent précocément ou sombrent dans la pauvreté car le conjoint invisible est trop jaloux. Dans ce cas, l'un attire la chance de l'autre, l'un prospère au détriment de l'autre. Selon le plan de Dieu, le mariage ne peut en aucun cas provoquer le malheur. Il est nécessaire de connaître au préalable l'état spirituel de l'autre. Est-il capable d'apporter le bonheur dans le foyer en cas d'union ? Il y a ceux qui naissent roi, pauvre, savant, chef ou manœuvre, mais dans la diversité, chacun doit trouver son bonheur.

L'association pouvant être délicate, il convient donc de mettre chaque élément dans le bon sens et de réfléchir à l'origine des problèmes.

L'INTERDICTION DE TUER

Selon la Bible, l'âme est un esprit qui vit dans le sang et en tire sa respiration. Mais l'Éternel interdit de verser le sang car c'est la demeure de l'âme. Cette dernière est un esprit qui vit dans le sang, telle une emprunte de la chair. Et quiconque tue son prochain, met fin aux fonctions de l'âme. L'âme sort et erre dans la nature, elle plonge dans le malheur. Elle cherche parfois à se venger de son meurtrier si son pouvoir le lui permet. Alors, pour éviter cette vengeance, ces assassins se font protéger par un esprit plus fort. Mais la vengeance ne peut se faire que sur l'un de leurs descendants.

L'âme est sans demeure pour un moment avant de retrouver sa tombe, là ou elle passera son eternité comme la plupart des âmes qui errent à la recherche d'un abri afin d'utiliser tous leurs pouvoirs. Ses fonctions ne lui permettent pas d'aller très loin contrairement à l'Esprit. L'âme est donc limitée dans son espace. Quant à l'esprit, il va partout sans limite, allant même au ciel, dans les sphères les plus lointaines. C'est avec lui que Dieu communique le plus souvent lorsqu'il s'agit de ceux qui sont saints.

L'ARBRE DE LA CONNAISSANCE
DU BIEN ET DU MAL
*****

Comme le déclare Moon, ce péché serait un rapport sexuel illicite, chose qui serait exacte. Mais pourquoi Dieu les aurait-il laissées en union libre ?

L'homme créé était donc immature, le temps de grandir spirituellement pour devenir un dieu parfait par la venue de l'Esprit. C'est la raison pour laquelle YHVH a donné l'ordre de ne pas pécher en mangeant le fruit défendu.

Il était probable que l'homme goûterait ce fruit, mais pas dans son état d'immaturité. Il est en effet certain qu'YHVH a créé cet arbre pour que l'on en mange le fruit.

Si l'homme y touche avant sa maturité, cela constitue un péché. Pourtant, si cela n'avait pas été le cas, Dieu n'aurait pas créé cet arbre, et encore moins ce qui serait susceptible de causer la mort de ses enfants, puisqu'il est écrit que tout ce que Dieu a créé est bon. L'Éternel ne peut générer ce qui est mauvais. Dans ce contexte, l'homme est la meilleure des créatures car il l'a conçu à son image. Si l'on viole ce temps, il met en péril le plan en ouvrant la voie à Satan. En d'autres termes, on dira que Dieu ne tient pas compte du temps, car le temps correspond à la période de maturité. L'Éternel les mis ensemble car cela constitue pour eux le lieu idéal. La terre sainte et nulle autre est leur habitation. Et bien que la terre soit très vaste, si l'Éternel les avait séparés de plusieurs milliers de kilomètres, le désir sexuel les aurait rapprochés. Il n'y a, en effet, pas de justification lorsqu'il s'agit du péché.

C'est pourquoi le mariage doit être agréé par Dieu et repose sur un principe : « l'homme doit consulter l'Éternel pour savoir si sa future épouse lui correspond et deux choses doivent ressortir, à savoir l'amour et le bonheur. » De même, dans sa quête de vérité, l'homme de Dieu doit voir deux éléments identiques, dont les contenus sont plus ou moins égaux. Cela signifie que les deux êtres peuvent être liés l'un à l'autre et vivre heureux. L'union doit être légale et le couple doit se sanctifier par un jeûne avant leur premier rapport sexuel au regard du principe selon lequel Dieu est en homme saint et l'homme est en Dieu. Ce jeûne permet de nettoyer les entrailles de chacun, car c'est le passage de Satan.

En outre, la volonté de Dieu d'observer le temps est importante tant dans le mariage que dans la vie quotidienne, comme le suggèrent dans la Bible deux personnages et non des moindres. Ils n'ont pas attendu le temps fixé par Dieu et ils ont écouté leurs femmes.

Leurs actes furent la cause des deux grands maux de ce monde. L'Éternel a accordé à Adam et à Eve le droit de vivre ensemble sans jamais se connaître sexuellement, en attendant que tous deux atteignent la perfection. Il les autoriserait ensuite à s'unir dans le mariage et à faire des Saints. Le couple donnera naissance à un peuple saint, qui vivra avec Dieu lui-même sur la terre. Aussi, Dieu utilise la verticalité pour exprimer son désir d'union avec l'homme. Au cœur du paradis terrestre (Eden), l'arbre de la connaissance du bien et du mal symbolise l'homme et la femme, qui ont des rapports sexuels avant le mariage, ce qui donne naissance à la race humaine qui porte en elle l'esprit du Mal.

POURQUOI SATAN A-T-IL IMPLANTE UN ESPRIT IMPUR EN L'HOMME APRES LA CONSOMMATION DU FRUIT DEFENDU ?

La réponse à cette question nous conduit à comprendre pourquoi Dieu a laissé l'homme et la femme ensemble sans les autoriser à avoir un rapport sexuel. Nous savons que Satan n'invente rien, car tout ce qu'il fait est la copie du plan de Dieu. Si Satan s'implante en l'être humain, c'est que Dieu a prévu d'introduire quelque chose en celui-ci. Alors les deux êtres auraient dû attendre de recevoir l'ordre de Dieu. Si Adam et Eve avaient attendu le temps fixé par Dieu, un temps qui correspond à leur maturité spirituelle, l'Éternel aurait implanté en eux son Esprit parfait, d'où le baptême de feu qu'a reçu Joshua sur la montagne de la transfiguration. Alors le mariage cosmique aurait eu lieu. Ils auraient dès lors eu la liberté d'avoir des rapports sexuels et de faire des enfants sans tomber dans le péché. Malheureusement, Lucifer a induit l'homme en erreur et il en a profité pour lui implanter l'esprit impur afin de le dominer en contrôlant son esprit. C'est pourquoi l'on voit dans les parties intimes de tout être humain, un serpent couché. La nature humaine est depuis tombée dans le péché et ont été conçus des enfants nés du Diable plutôt que de Dieu. Le sexe humain en fut infecté parce que c'est le passage principal et la demeure du serpent impur.

L'ARBRE DE VIE

Il symbolise l'homme parfait, autorisé à avoir des rapports sexuels qui donnent naissance à la race humaine et qui produisent de bons fruits. Les deux types d'arbres représentent les humains eux-mêmes. Ces derniers pouvaient choisir de ne pas tomber dans la désobéissance et de ne pas faire d'enfants impurs s'ils n'avaient pas mangé le fruit défendu (rapport sexuel non autorisé). Cet arbre symbolise l'homme dont la lumière couvre le corps et dont l'esprit est uni à Dieu. Tous ses sens s'ouvrent, il voit tout, entend tout, et son esprit transcende le temps et l'espace pour aller voir Dieu au ciel et revenir sur la terre. C'est en cela que Joshua dit : « Soyez parfait comme votre Père Céleste est parfait. »

LE CHANDELIER

C'est un arbre. Il symbolise l'homme en général. L'Éternel l'a donné aux fils d'Israël pour qu'ils deviennent comme cet arbre. L'or fin dont il est paré indique la sainteté. Les fils doivent donc grandir comme un arbre, mais le faire dans la sanctification.

LE TABERNACLE

Il a trois chambres. D'une part, la chambre sainte marque la croyance en Dieu par la possession du Saint-Esprit. D'autre part, la chambre très sainte symbolise la progression de la pureté et enfin, le lieu saint des saints incarne la perfection. Il est le royaume de Dieu en image et celui de l'evolution de la sainteté.

LA MONTAGNE

Cet amas de terre symbolise l'élévation et les difficultés à braver. Quiconque arrive au sommet reçoit la plénitude de l'esprit Saint, d'où la transfiguration de son Esprit. Ainsi, il devient saint à l'image du Père céleste, ainsi qu'arbre de vie.

LE SAINT-ESPRIT

Esprit provenant de l'Éternel Dieu, il descend en l'homme par le haut. Il revêt des formes multiples selon les gens, mais généralement, il adopte une forme humaine et a pour symbole un oiseau blanc. Il doit grandir en sainteté dans l'âme humaine, et a aussi besoin de croissance.

LA SOURCE DE VIE

Elle est une grande source d'eau pure qui symbolise l'immense richesse des Saints. Tous ceux qui habiteront dans le royaume de Dieu seront arrosés par cette source, et n'auront plus à souffrir de la faim et de la pauvreté.

LE JARDIN D'EDEN

Il est une portion de terre sainte et paradisiaque, où rien ne manquait à Adam et Ève avant qu'ils ne pèchent. Il fut ensuite restauré par le royaume de Canaan et d'Israël, même si les échecs successifs ont obligé Dieu à s'en occuper à nouveau.

LA STRATEGIE DE SATAN AU NIVEAU TERRESTRE

Dans le cas de la femme enceinte, Satan envoie un esprit qui entre dans son corps et enveloppe le joli bébé. L'esprit évolue alors dans le corps de celle-ci jusqu'à ce qu'elle accouche de l'enfant en même temps que de l'esprit. Toute la vie de ce bébé est dès lors sous la domination de cet esprit. Aux yeux des humains, c'est un joli bébé, mais aux yeux de Dieu, c'est un fils du Diable.

Comment un être pur peut-il donc donner naissance à un être souillé ? La mère et le père sont impurs et ils ne peuvent de ce fait avoir un enfant saint. Satan envahit de la sorte l'homme à la naissance. Lorsqu'un être humain naît, il est souillé par la présence de cet esprit dans son corps. Il faut souligner que le corps peut abriter plusieurs esprits. Si au cours de sa vie il ne se purifie pas, et qu'il s'attache à des choses impures, il devient un nid pour les mauvais esprits. Chaque esprit possède son caractère et généralement l'un domine naturellement. Et lorsqu'il s'agit de faire le Mal, ce grand ennemi de Dieu connaît bien le monde spirituel et le monde physique. Il y envoie de force l'âme ou l'esprit de l'homme contre son prochain, en lui indiquant son point faible. Alors celui-ci, voyant son frère lui nuire, se lève un matin et exprime de la haine à son égard. Il l'accuse d'être à l'origine de ses problèmes.

Il est fort possible que celui-ci lui ait fait du Mal spirituellement et de façon volontaire, car il est incarné par le Mal et bien conscient de ses activités nocturnes. Il est aussi envisageable que Satan lui ait mis un voile afin qu'il ne se rende pas compte de ses propres actes. Dans ce cas, il est à la disposition de son maître pour ses besoins sporadiques. Par cet acte, d'autres vendent leur propre famille pour un profit personnel. Il en ressort la souffrance de toute une famille. L'un accuse l'autre, la femme se positionne contre son mari, l'enfant contre ses parents, la sœur contre le frère et le peuple contre le régime. Aussi, Satan a horreur de ceux qui font le Bien et d'un couple qui fonctionne. Il fait tout pour leur nuire. La vie de Job dans la Bible en est un exemple typique. Mais le plus difficile à résoudre est l'ignorance de son propre état, quand on ne sait pas que l'on est spirituellement aveuglé.

Pendant ce temps, son proche souffre, tout en sachant que ce qui les déchire n'a rien de physique et que la solution ne peut être que spirituelle.

Dans le cas d'un homosexuel, son désir est celui qu'un esprit lui a transmis. Après avoir possédé l'âme, l'esprit détient le corps et, lorsqu'il avance dans cette besogne, le plaisir est partagé entre les deux êtres : l'esprit possesseur et le corps possédé. Une jouissance bien équilibrée en somme.

LES ESPRITS IMPURS ONT-ILS DES ENFANTS AU MEME TITRE QUE L'HOMME ?

Cela s'affirme lorsque l'homme ou la femme ne fait pas d'enfant et que l'aide d'un Spiritualiste non saint est sollicitée. Il est possible que ce dernier, par l'invocation d'un esprit, lui vienne en aide, mais cet enfant ne sera jamais celui de l'homme.

Bien évidement, il vit avec lui physiquement, mais spirituellement il est avec son parent spirituel, chose qu'ignore l'enfant lui-même devenu grand. En effet, l'enfant appartient à l'esprit qui vous a été donné lors de la fécondité. Vous remarquerez à ce propos dans la Bible que les enfants nés suite à une longue prière à Dieu deviennent généralement un instrument pour ce dernier.

Ce principe est copié par les mauvais esprits sur la terre. Si jamais cette demande a été suivie d'un serment, alors cela se complique et toute votre descendance en subira les effets. Cet esprit devenant un dieu pour votre famille, vous êtes obligé de le servir de génération en génération.

Quant au cœur de l'homme, il est la résidence de tous les maux. On dira que le monde entier y réside, et que l'on y trouve à la fois de l'eau, des arbres, des animaux de toutes espèces, des chaînes, du fil et beaucoup d'autres choses encore. Ces choses le caractérisent, mais il convient de s'en défaire pour conserver le cœur pur et aimer son prochain comme soi-même.

Sortant de sa réflexion intérieure, Viki déclara à Tino : « Nous sommes dans une espèce de méconnaissance et nous souffrons par ignorance. Nous avons l'impression que les esprits envient l'homme, car tout ce que fait l'homme, les esprits le font aussi. Les rapports sexuels trop bons, mais à qui cela est-il destiné ? »

Selon le plan originel de Dieu, ils sont destinés aux hommes parfaits, mais la grâce nous est donnée d'en avoir, sous réserve de sanctification et d'un mariage légal. Au contraire, les gens non sanctifiés sont un lit conjugal qui abrite les mauvais esprits. Il faut souligner que certains humains ont développé des capacités leur permettant d'avoir des rapports sexuels avec une âme. Si l'homme ne parvient pas à avoir physiquement la jolie fille du quartier, il vient à elle spirituellement, et si elle a une âme faible, il réussira à la mettre dans son lit.

De plus, les mauvais esprits vivent sur la terre, dans les eaux, dans les bois, sous la terre et au ciel pour les plus élevés d'entre eux. Ils envient l'homme pour ses désirs sexuels et pour son mode de vie, car l'homme vit physiquement et spirituellement contrairement aux esprits, et ils n'ont qu'une seule vie. Parmi eux, on dénombre des homosexuels, des transsexuels, des pédophiles, des lesbiennes, des tueurs, ou encore des destructeurs des biens d'autrui, des travestis, des fabricants de signes ostentatoires, les piercings, des gothiques, etc. Ceux qui se tatouent par exemple représentent par le dessin l'esprit impur qui les possède ou invitent cet esprit à entrer dans leur corps. Il y a également ceux qui aiment se faire adorer. Ils enlassent l'homme par des objets précieux tels que l'argent, car ils savent que la vie humaine en dépend. Ils poussent donc l'homme à accepter ses conditions pour pouvoir lui arracher son droit de prince. Et au lieu que l'esprit serve l'homme, c'est l'homme qui sert l'esprit et l'adore comme un dieu.

Enfin, il ne faut pas provoquer les esprits ou répondre à leurs exigences. Ils ont plus de compétences que l'homme du fait de leur algorithme de croissance plus développé. Dans leur monde, tout est nu comme dans le monde physique. Ils savent qui est en face d'eux et quelle force anime leurs interlocuteurs. Ils connaissent ainsi l'homme mieux que l'homme lui-même. La première fois que Viki porta des lunettes noires, l'Éternel lui dit de ne pas en mettre, mais l'ennemi en a fait fabriquer pour se cacher. Disons que les esprits impurs poussent l'homme à toutes sortes d'avilissements.

PAR LA TECHNOLOGIE

La technologie est elle aussi une voie pour contaminer l'homme. Du reste, un esprit n'a pas de frontière de par ses capacités. Si un virus atteint un ordinateur à des milliers de kilomètres de distance en passant par un fil, il est de même pour le mauvais esprit. Il peut passer par un fil électrique pour se positionner dans votre poste de télévision et vous espionner. Sur ce point Joshua dit qu'il est difficile pour un riche d'entrer dans le royaume des cieux, mais facile pour un chameau de passer par le trou d'une aiguille. Un esprit qui entre dans un fil est donc d'une nature spécifique ; nature qui sera différente à sa sortie. Il peut peser des milliers de tonnes.

PAR LA TERRE

La terre elle-même est un abri pour les mauvais esprits, car certains marchent sous terre et y bâtissent leur maison. Il convient de noter que tous les supports existants sont des voies de passage ou de communication pour l'ennemi. Certaines églises croient servir Dieu, mais Satan n'a fait qu'envoyer un esprit pour suivre les faits et geste de leurs dirigeants. En restant à la surface pour ne pas être découvert, il s'assoit plus bas dans la terre, sous l'église, et il empêche la croissance spirituelle dans la sanctification ou bien provoque l'émergence de cette assemblée centrée sur lui. L'esprit impur sait que les fidèles de cette assemblée n'ont pas le niveau spirituel pour le voir, et encore moins pour le chasser. Dans cette optique, si un contact téléphonique peut atteindre un interlocuteur grâce aux ondes, un esprit peut toucher sa cible par l'air. Personne n'y échappe, tous les corps sont infectés.

LA STRATEGIE DE SATAN AU NIVEAU ASTRAL

Satan se situe dans le ciel, une sphère où il est seul. Lorsqu'un esprit mauvais ne peut atteindre une cible par la voie terrestre, il emploie la voie astrale, apanage des princes démons ou de Satan lui-même. Ils sont au demeurant capables de convoquer votre esprit et de l'empoisonner de force. Ils y injectent le démon et vous voici contaminé. Il faut dire qu'il est un dieu foncièrement mauvais, qui positionne les démons dans l'air pour empêcher les bénédictions des Saints en croissance, et pour exécuter des tâches en faveur de leurs alliés sur la terre.

LA CROYANCE FINALE

Que faut-il croire ?
Il apparaît que la croyance est intérieure à l'homme, car s'il ne croit pas en Dieu créateur, il croit en lui-même. Il a foi en un esprit, sans doute déjà en lui, que nous appelons Esprit de l'homme ou homme intérieur. Par là même, toute personne est croyante. Ceux qui ne croient pas du tout ignorent ce qui réside en eux, ce qui revient à dire qu'ils croient sans le savoir.
Concernant ceux qui ne croient pas en YHVH, mais qui s'attachent directement aux eaux, aux arbres et à d'autres divinités, ils sont eux aussi des croyants. De la même manière, si l'on dit que l'on ne croit pas du tout et que l'on va consulter

un devin, ou si l'on porte une amulette de protection ou de bonheur, on est un croyant. Face à cette diversité, nous disons que tous croient, et que l'attachement à un esprit place ce dernier en dessous de celui qu'il évoque.

L'esprit invoqué devient ainsi un dieu pour ce dernier, c'est pourquoi les chrétiens prient au nom du Messie car il est parfait et au-dessus d'eux. Le Messie est donc un Dieu parfait pour celui qui l'invoque. Et puisque ceux qui invoquent une divinité non parfaite placent cet esprit impur au-dessus d'eux et que cet esprit devient un dieu pour eux, il est insensé de dire que je ne suis pas croyant.

Toujours dans le même cas, si l'on consulte un devin, qui est lui-même croyant de ce que ses yeux ne voient pas, peut-on encore dire qu'il existe des non-croyants ? Celui qui ne croit point, croit à celui qui lui vient en aide spirituellement, et il croit de ce fait au moins indirectement à l'esprit de celui qui lui vient aide. Sinon comment pourrait-il recevoir ou espérer ce qu'il attend recevoir ? Dans ce cadre, Joshua dit : « Ta foi t'a sauvé. » Si ce dernier est sauvé par la foi, c'est qu'il a cru à celui qui l'a sauvé, ou tout du moins à cet esprit.

Disons que tous croient mais que chacun emprunte une voie différente sur de mauvaises bases. S'il existe un non-croyant, c'est qu'il croit à ses propres idées dont il ignore la provenance. De même, l'esprit de l'homme est connecté à un être supérieur qui le contrôle parfois. L'homme dépend donc de ses pensées, auquel cas tous ses besoins seraient exécutés. Malheureusement, ses difficultés à réaliser le besoin sont si importantes qu'il est obligé de faire des sacrifices, ce qui passe par davatange d'efforts physiques ou spirituels. La neutralité n'existe donc pas dans la vie humaine, puisque l'esprit de l'homme joue un rôle à l'image de l'autre esprit. L'homme vit partagé entre celui qu'il est et ce qui existe, c'est-à-dire entre le moi (esprit humain) et l'inconnu (esprit supérieur). Dans cette perspective, deux esprits supérieurs s'imposent à l'homme, qui doit choisir entre l'Éternel Dieu et Satan. Ces derniers deviennent ainsi les deux grands organisateurs de la vie humaine, au cœur de laquelle l'être humain est le plus convoité de tous.

L'un des esprits a tout créé, tandis que l'autre s'est tout approprié, l'homme étant à l'épicentre de cette conquête. De la même manière, l'un a ouvert l'intelligence de l'être humain, pendant que l'autre lui a fermé le savoir. Le monde a été planifié de la sorte, orchestré par le dieu Satan.

Mais le Dieu créateur a déclaré que tous les pays ne formeraient qu'une seule nation. Si une telle chose devait advenir, quelles croyances devraient avoir les humains et de quel système seraient-ils animés ?

Ce système a été nommé « le Dieuisme » par le Révérend Sun Myung Moon. Il s'agit d'une croyance qui prône les révélations, les songes, les visions et les messages des ondes au nom d'YHVH. Aucune autre croyance ne viendra nous déchoir de notre fermeté. En effet, Dieu, qui établit toute chose dans un ordre parfait et qui met l'homme au centre de cette existence, veut voir l'homme grandir spirituellement en obéissant à sa volonté.

L'Éternel Dieu, Père Céleste, agit au même titre que notre père biologique, et nous n'avons besoin d'aucune autre manière pour lui parler et obtenir de lui ce que nous voulons. Si le père biologique a besoin d'être respecté et honorer, Dieu l'éprouve également.

En outre, le Dieuiste est celui qui vit corps et âme sanctifié avec son Père YHVH. Il n'a nul besoin de prières, de rites ou de cultes pour communiquer avec celui-ci.

Le Dieuiste est également un être très saint, qui est entré dans le Saint des Saints (3ème chambre du tabernacle). Il est un arbre de vie, et il est parfait car Dieu est en lui et lui en Dieu. Aussi l'enfant bénéficie-t-il de tous les attributs de son père, comme nous bénéficions des attributs saints de Dieu à travers son Saint-Esprit dans toute sa plénitude. Ce n'est plus l'homme qui vit, mais Dieu qui vit en l'homme. Nous pouvons dire que Joshua a été le premier Dieuiste, car il a permis l'accès à l'arbre de vie. C'est pour cette raison que la bible atteste que Joshua est le fils unique de Dieu, unique au sens d'être le premier a atteindre la perfection.

De même, la prière est inutile car la pensée devance la parole. Il suffit d'y penser et la réponse vous parvient automatiquement. Or, si cela n'était pas possible, pourquoi dirait-on que Dieu est omniscient ?

Le Dieuiste est un être parfait. Il n'est pas le serviteur de Dieu mais un vrai enfant de Dieu, et il ne peut habiter que dans un lieu saint. Dans l'Apocalypse chapitre 21, verset 27 de la Bible, il est ainsi écrit qu'il n'entrera chez elle rien de souillé ni personne, qui se livre à l'abomination et au mensonge. Il n'entrera que ceux qui sont écrits dans le livre de vie de l'Agneau.

Alors si aucun esprit impur n'entre en ce lieu, le Dieuiste est justifié saint et parfait. Et Joshua de poursuivre : « Soyez parfait comme votre Père Céleste est parfait. » (Mathieu ch 5 verset 48).

Le Dieuiste n'a pas de temple, d'église ou de synagogue, comme l'indique l'apôtre Jean (Apocalypse ch 21 verset 22) : « Je ne vis point de temple dans la ville car le Seigneur Dieu tout-puissant est son temple ainsi que l'agneau. »

Le Dieuiste est par ailleurs un être dont l'esprit transcende le temps et l'espace tel un ange. Selon ce qui est écrit (Es 60 :8), ils sont ceux qui volent comme des nuées, comme des colombes vers leur colombier. Ou encore (Genèse ch. 1 verset 27), YHVH créa l'homme à son image, il le créa à l'image de Dieu. Il créa l'homme et la femme.

Si nous définissons ce qu'est l'image de Dieu, ce qui le caractérise est la force Dieu en l'homme parfait, ou est une ressemblance spirituelle.

Le Dieuiste est un chrétien évolué. Pour le devenir, il doit ôter en lui tous les esprits impurs, y compris le péché originel. Il lui faut se vêtir de lumière, comme cela est stipulé dans (Ap 6 : 11). Il doit également être marié légalement à une seule femme qui répond aux mêmes critères que l'époux, et le couple ainsi constitué met Dieu au centre de sa vie ; priant au nom d'YHVH. Toutes ces démonstrations, qui trouvent leur origine dans les références bibliques, montrent de façon significative que les humains deviendront parfaits, formeront un seul peuple Saint et vivront de manière simple et naturelle avec Dieu. Ils parleront une langue écrite unique et qu'ils auront une seule culture sur la terre et au ciel (Apocalypse chapitre 5 verset 10).

SYSTEME DE VIE NOUVELLE

Il est un système où l'homme ne produit pas pour se satisfaire, comme cela est le cas dans le système capitalisme où l'intérêt est individuel. Quant au communisme, l'intérêt est général (l'État). L'idéalisme répond pour sa part à un intérêt communautaire, qui vise la juste satisfaction de tous. Il écarte la concurrence. Dans cette optique, tout système qui s'appuie ou qui fait apparaître la concurrence n'est pas de Dieu, car la concurrence entraîne la mort ou fragilise la vie humaine. Ceux qui en font usage violent donc la loi de Dieu en Exode chapitre 20, verset 13.

Selon la Bible, la concurrence est un acte qui rejette l'égalité. Quand Dieu fit tomber la manne du ciel, il est dit que chacun devait se servir pour satisfaire sa satiété. Tous ceux qui en prirent plus ne purent en faire usage, car la manne était infestée de bestioles. Cette volonté divine s'applique de nos jours au peuple qui rejette la concurrence.

On se demande parfois où va l'intelligence humaine lorsqu'elle crée un système qui la retient prisonnière et qui viole sa propre loi. Pour ce qui est de l'idéalisme, ce système protège le marché et se porte garant de l'environnement dans la mesure où la surproduction dévore les terres, et où l'utilisation des pesticides et autres produits fertilisants, ainsi que la construction de certains engins de guerre, détruisent notre écosystème. Il est si facile de détruire et il n'existe aucune solution pour réparer. L'homme parfait au cœur de ce système a le pouvoir de fertiliser une terre et de semer le produit de son choix.

Il n'est pas limité parce qu'il est trois fois saint et maître de la création. Éviter la surproduction, qui constitue un rapport de force commerciale visant à gagner plus, peut entraîner l'augmentation des personnes sans emploi. Or le système en lui-même crée les conditions pour que la population vive heureuse, car le but ultime est de sauver la vie humaine en écartant la pauvreté. Peut-être faudrait-il privilégier l'accès au travail aux hommes en premier lieu, car le corps de l'homme est vigoureux contrairement à celui de la femme qui est amour. L'homme est de ce fait créé pour travailler et s'occuper de sa famille. Il n'y a donc que dans le monde de Satan que l'on peut évoquer l'égalité entre les hommes et les femmes. Et si les femmes revendiquent plus de place d'aisance, cela est dû à l'égoïsme, voire à la méchanceté de la race humaine, qui vit sans Dieu. Il faut descendre dans les profondeurs de la femme pour savoir que son indépendance provient de l'homme.

Son désir la conduit à une unité avec l'homme et à une prise de responsabilité, lorsqu'elle est traitée comme un corps inséparable et rempli d'amour.

Toujours concernant l'idéalisme, il réduit à la fois le capitalisme et répare ses dérives. Ce système a pour formule $+P - P = P-1$. Le 1 devient toujours négatif, et il est synonyme de déficit si l'on tient compte de tous ces aspects et de son plan d'évolution. Il est un système déficitaire, qui prive l'homme de son équilibre social et qui ne clarifie pas la vision de Dieu, contrairement à l'idéalisme.

De surcroît, en dehors de la race humaine, aucun être n'a la propriété de la terre ou ne peut venir arracher ce droit à l'homme. Les esprits eux-mêmes sont soumis à l'homme-parfait, tandis que les hommes mauvais se soumettent aux esprits impurs, dont ils font leur dieu. Dans cet aveuglement, l'homme est semblable à un

Roi épuisé de fatigue à cause de la distance, donne sa couronne a son ouvrier.

L'ouvrier pose alors la couronne sur sa tête pour tenir la main de son maître exténué. Quand les deux conviés arrivent à la réception, on fait assoir l'ouvrier sur la chaise royale et le roi reste debout à ses côtés. L'esprit impur a donc arraché le titre royal à l'homme.

Telle est planifiée la vie humaine imposée par Satan. Il fait en sorte que l'homme ne se reconnaisse pas comme un détendeur de la royauté de peur de se soumettre à Dieu et à l'homme lui-même.

Comme la vie humaine est précieuse, il faut donc qu'il dépende du système de sorte à faire plus de sacrifice pour trouver le besoin.

Ce sacrifice est la concurrence, facteur de déficit moral et social. Les plus forts y trouvent leur compte, mais les moyens pataugent et les faibles sont anéantis. Face à cette disparité impitoyable, le cœur de Dieu sonne sans cesse comme une cloche qui attend que quelqu'un l'arrête. Chez les Saints, l'amour est tel que le malheur de l'un fait le malheur de tous, de même pour le bonheur.

Si la douleur de l'un est ressentie au même degré par l'autre, quel serait le système le plus approprié pour planifier la vie humaine ? Il s'agit sans doute d'un système centré sur Dieu, qui écarte la concurrence et distribue équitablement les bénéfices de tous.

Malheureusement, le capitalisme ne distille que la concurrence, et il est de mise d'écraser l'autre pour gagner plus soi-même.

Concernant la monnaie, elle est le noyau du système. Elle devrait essentiellement être un facteur d'échange équilibrant l'offre et la demande. Mais elle démontre que la chose émise doit revenir pour supporter ses propres frais de production et générer des marges bénéfiques. Et lorsque la demande n'est pas satisfaisante, elle revient avec un déficit, et c'est la vie humaine qui patine.

Dans ce cas, où met-on Dieu ? Son cœur est affecté de voir l'homme tirer l'épée contre son prochain car son propre système lui pose problème. C'est pourquoi l'idéalisme vient résoudre ce handicap en s'appuyant sur la parole de Dieu et le respect de sa volonté. L'idéalisme, qui place Dieu au centre, est doté de multiples pouvoirs. L'Éternel, quant à lui, a tout créé par la parole, de même que la parole de l'homme-parfait oblige la nature à se soumettre. Si l'homme déplace des montagnes par la foi et que le vent lui obéit, cela signifie que la nature a des oreilles pour entendre la parole sainte.

LA CREATION DES ESPRITS

Par ailleurs, la parole a un effet immédiat. Pour créer un esprit, YHVH parle et l'esprit sort par son souffle dans une bulle en attente d'éclosion. Lorsqu'il est mature, l'esprit sort comme un poussin de son œuf, et aussitôt il agit. Semblable à une fumée, il est insaisissable et impénétrable. YHVH est-il ovipare pour autant ? Ce n'est ni par le sexe ni par l'association de la masculinité et de la féminité qu'il donne vie à un être, mais par la parole donnée.

On comprend alors pourquoi il dit à l'homme : « Tu ne mentiras point », car le pouvoir de créer réside dans la parole et la bouche en est le percuteur. Si au commencement YHVH a créé la parole (Jn 1 : 1), c'est parce que la parole justifie l'homme. Toute chose est ainsi faite par son biais, y compris la création humaine.

LE RETOUR A L'ETAT ORIGINEL

Le monde spirituel terrestre est en passe de nous séparer par un mur aussi transparent qu'une feuille, et sa pénétration est aussi facile que ne l'est sa sortie. On découvre en effet une légion d'esprits fort variés. Ils sont indénombrables. De même, un esprit au ciel a plus de vigueur qu'un esprit sur terre, et ceux qui se font garder par les esprits au ciel sont les mieux protégés.

Aussi sommes-nous entrés dans une ère de retour à la normalité. Les milliers d'êtres au ciel sont conduits vers leur demeure finale, pour que s'accomplisse le dernier livre de l'apôtre Jean.

Puis la situation apocalyptique du ciel et ses conséquences sur la terre sont déplorables. L'homme est au cœur du scandale cosmique, d'une lutte entre le Bien et le Mal, et il demeure enfermé dans une spirale de non-changement. Que va-t-il se passer ? L'homme est un sujet de menace pour l'univers qui lui est échu. Ce n'est pas son intelligence qui le perd mais son inobservation des choses qui l'entourent. Au lieu d'être celui que l'on espère, il est devenu celui que l'on rejette. Il n'a jamais su s'approprier les valeurs cosmiques fondées sur le Bien, et veut être dépendant des choses périssables en même temps qu'indépendant de celles que l'on conserve avec soin. Une vie de dur labeur. Il serait donc insensé de compromettre le plan divin car c'est au sommet que le tambour fait résonner ce beau nom.

Il est ainsi fier de ce nom, mais personne ne sonne à sa porte dès le coucher du soleil. Le matin, il ne reçoit aucun baiser, il s'en va en guerre et nul ne le suit. Il arpente ainsi un chemin tortueux, comme un cavalier et son cheval parcourent les monts et vallées.

Cet homme a tué la démesure, éventré la torture et ce n'est qu'au soir de sa vie qu'il obtient la prééminence ; chose qu'il avait espérée sa vie durant. Il est Ha Mashiah. Il vient bientôt.

LES MESSIES

Le Seigneur Joshua a annoncé que beaucoup de faux prophètes viendront en son nom (Mt 24 : 5), et que vous les reconnaîtrez par leurs œuvres (Mt 7 : 16). Il y en aura des faux comme des vrais. Et si YHVH ne modifie pas son plan, au vu de la pression qu'il exerce de nos jours sur la terre contre les mauvais esprits, beaucoup de Messies naîtront pour faire la guerre à l'ennemi afin d'établir le royaume d'Israël au niveau planétaire.

Pour sa part, le Révérend Sun Myung Moon sanctifie les hommes en les unissant par le mariage, à l'instar d'Adam et Ève, afin qu'ils entrent dans le royaume de Dieu, réservé aux familles.

Il n'y aura pas de célibataires ou de personnes non sanctifiées, car le sexe est l'intimité de Dieu et ne doit être considéré comme un jouet. Pour cela, ceux qui n'ont jamais utilisé leur sexe à des fins illicites seront graciés dans les derniers jours.

Pour éviter que l'on ne s'attribue une charge qui ne lui est pas destinée, Joshua précise : « Plusieurs viendront en mon nom. »

Malheureusement, beaucoup ne respecteront pas cette parole et la violeront au point de susciter la colère de Dieu.

La qualité de Messie est considérée comme une fonction. Il est parfait, obéit à la parole et vit selon elle. Il a également une histoire qui témoigne de son appel et de sa vocation. Chaque Messie aura du reste une charge particulière selon ce que Dieu lui a attribué.

Les Messies ne mentiront point dans leur marche, ils affirmeront le rocher qui dort, et mèneront la race humaine à la croissance spirituelle et les nations à marcher avec la vision de Dieu.

Alors toutes les religions disparaîtront, parmi lesquelles le christianisme en phase transitoire. Depuis des siècles, le monde a connu une multitude de religions, avec la sommation des esprits à leurs fidèles et pour permettre la croyance des races à partir de leur culture. Désormais, il n'y a qu'un seul chemin pour tous, celui qui unit les races et réalise le dessein de Dieu (Apocalypse chaptre 21 verset 22). Comme cela est écrit, ni le christianisme, ni le judaïsme, ni aucune autre religion n'existeront dans les derniers jours. L'Éternel Dieu lui-même sera dans son royaume. On ne parlera donc plus de religion et on ne lèvera plus de bâtiments dédiés à l'adoration de Dieu (Apocalypse ch. 22 v. 3).

En ce temps-là, le culte sera familial. L'homme, la femme et leurs enfants s'allieront pour adorer Dieu. Il s'agira des enfants qui auront cru aux Messies et qui les auront suivis. Au cœur de cette diversité, en aucun cas l'œuvre ne doit devenir une tradition.

L'un naît et l'autre part, et les croyants survivants doivent évoluer avec les nouveaux, car l'œuvre du défunt sera reprise comme un complément par son successeur ; toutes ces œuvres étant des encours. Seul l'établissement du royaume constitue la fin des missions messianiques. À ce moment-là, on parlera d'un monde unifié, peuplé d'une seule race (race de Dieu), avec une seule culture.

En outre, quand un Messie est élu et commence son œuvre, toutes les autres missions s'arrêtent car celles du nouveau Messie doivent s'exercer en priorité. Ce dernier est en effet parfait et il est le plus élevé, puisqu'au-dessus de tous. Nul ne pourra être jugé par Dieu à l'égard de sa mission pour avoir suivi le Messie.

Aussi, si un homme est déclaré Saint et qu'il n'est pas informé de l'existence du Messie sur la terre ou de l'évolution du plan de Dieu (Am 3 : 7), il doit fournir des efforts spirituels par des jeûnes et des prières pour obtenir la faveur du ciel.

Pour cela, tous ceux qui ont reçu le Saint-Esprit en eux, mais qui n'ont pas cru aux nouveaux Messies, seront des arbres verts ayant perdu leurs feuilles. Ils seront semblables aux étoiles qui tombent du ciel (Ap 6 : 13) car leur raisonnement les égare. Pareillement, seuls les Messies reçoivent la signification des mystères bibliques. Ne pas les suivre est donc un manquement grave à la loi céleste et un blasphème contre le Saint-Esprit. Bien entendu, ils ne viendront pas tous à la fois. YHVH est trop organisé, et un grain mis en terre meurt après qu'un autre ait poussé.

Être un Messie parfait, c'est combler la joie de Dieu en tant qu'être, mais remplir sa mission, c'est réjouir son cœur en tant que vrai fils. Deux missions sont donc données à tous : devenir l'être parfait et accomplir la tâche. Il s'établit alors une relation parfaite entre deux êtres, et l'un reçoit de l'autre. Mais il convient de ne pas confondre l'homme parfait et le Messie.

Dans le plan de Dieu, tous doivent devenir parfaits, mais tous ne peuvent être le Messie au sens unique du terme. Ce dernier possède une onction spéciale au-dessus des autres pour remplir une tâche au niveau planétaire. Cet homme est prédestiné.

LE RETOUR DU SEIGNEUR

Joshua dit que nul n'est monté au ciel que celui qui est descendu du ciel, c'est-à-dire le fils de l'homme.

Il est pour cela absurde et erroné de dire que Joshua descendra du ciel en chair et en os. Celui qui est monté est esprit, celui qui descend l'est également, et tout œil le verra. Ceux qui auront fait le Bien verront descendre, en songe ou en vision, le fils de Dieu. Mais sur la terre, il est un être humain qui coopère avec l'Esprit descendu du ciel. Ce dernier aura le titre de Messie et de Seigneur pour accomplir les choses physiques.

Depuis Joshua, aucun Messie n'est venu et ce fut le premier Sun Myung MOON. Il faut souligner qu'au regard de l'humanité toute l'histoire biblique repose sur la restauration. Joshua a restauré la relation entre Dieu et l'homme, qui devait autrefois apporter une offrande à Dieu pour se faire pardonner le péché. La mort de celui-ci a ouvert la voie et tous ceux qui se repandent peuvent se faire pardonner. Le sacrifice de ce dernier concerne le salut et aboli le sacrifice expiatoire. Les autres sacrifices restent applicables. Par ailleurs, après Joshua, il fallait qu'un autre messie vienne pour restaurer le mariage, puisque Joshua n'était pas marié. Dieu choisit Sun Myung Moon pour restaurer l'union entre l'homme et la femme centrée sur Dieu, tout en ôtant le péché originel. En effet, à l'origine, l'acte abominable de Lucifer, transformé en serpent spirituel, entra dans le corps d'Ève et l'excita pour qu'elle s'unisse sexuellement avec Adam.

Après cela, Satan marqua son passage en laissant un serpent dans les parties intimes de nos premiers ancêtres. Ainsi, tous ceux qui naquirent d'Adam et Eve devinrent des enfants du Diable. C'est la raison pour laquelle Moon donne le vin sacré, préparé spécialement pour ôter ledit péché. Si nous le disons, c'est que nous tenons la vérité absolue avant et après sa venue, par la grâce que Dieu. En effet, l'esprit d'un être parfait voit tout, même l'atome est visible à l'œil nu. Satan savait qu'en fermant les sens de l'homme, il le pousserait aux avilissements les plus horribles. Aussi, comment peut-on prévenir un crime que l'on juge inexistant ? Si les sens sont ouverts, la prévention est possible. Si l'archéologue recherche la vérité par la découverte d'objets existentiels, il en va de même pour l'oint de Dieu, qui décèle la vérité par la voie céleste. Il y a vérité lorsque la source est connue, qu'elle soit physique ou spirituelle.

Comment peut-on toutefois dire que la chose ne peut y être vérifiée ? Si l'on travaille pour une matière non périssable, cela signifie qu'il existe une source non périssable et qu'il faut la trouver. Alors la communication entre deux êtres visibles et invisibles s'établit. La source qui est invisible mais existentielle, est-elle pour autant fiable ?

Si l'auteur est connu et qu'il est celui que tous recherchent, alors sa parole est fiable. Mais la grande difficulté est de l'identifier. Le principe est que l'invisible devient visible ou qu'il décline sa provenance et son nom.

De plus, tout esprit, même transformé en un être ou un objet de son choix, dispose des mêmes facultés sensorielles que l'homme. Il est capable de parler, d'entendre, de manger et de boire. La différence se situe au niveau de sa capacité d'agir, car certains ont plus de force que d'autres.

Pour cela, la parole d'un esprit peut être vraie ou fausse, selon qu'il se trouve du côté de Dieu ou de Satan. Dans le christianisme, on fait appel au discernement des esprits.

Pour ce qui est de Moïse, il n'avait jamais entendu la voix de Dieu auparavant. La première fois, il demanda donc le nom de celui qui lui parlait. Or celui qui demande le nom et/ou le nom du maître de l'esprit envoyé affaiblit son interlocuteur invisible. À titre d'exemple, un ambassadeur est accrédité par une lettre de créance de son État, de la même manière qu'un esprit connaît le nom de celui qui l'envoie. En effet, nous savons qu'il existe deux esprits qui se battent pour conquérir le monde : YHVH le Saint et Lucifer le Satan. Les autres sont des envoyés ou agissent de leur propre chef.

Dans le camp de Dieu, le mensonge est interdit et aucun Saint-Esprit ne mentirait, même pour plaisanter.

Dans celui de l'Ennemi, il est possible de mentir mais, du fait de l'adversité et de sa hiérarchie, il ne peut mentir en pareilles circonstances. Dans le pire des cas, il ne répondra pas aux questions qui lui sont posées, même si le mensonge reste possible quel que soit le côté où l'on se trouve. Dieu pourrait s'opposer à son fils pour mesurer sa foi sans lui nuire, et le Diable, pour faire chuter le fils de Dieu.

La problématique relative aux questions de Dieu et de la construction du monde idéal repose donc sur Dieu lui-même et sur les Envoyés (Messies). Ils doivent être écoutés car Dieu a les mêmes ressentiments qu'un père biologique à l'égard de ses enfants désobéissants. Le dessein de Dieu est le bonheur de l'homme. Ainsi, si la race humaine est heureuse en obéissant à la parole, la joie du Père est minime par rapport au bonheur du fils. Quant à l'existence même de Dieu, elle est fondamentale et répond sans aucun doute à une exactitude.

Mais faut-il se poser la question de l'existence de l'homme ? On dira que l'homme et la création n'existent pas car, aux yeux de Dieu, l'existence est spirituelle avant d'être physique. L'homme existe donc lorsqu'il est attaché à Dieu, tout comme l'univers. Au demeurant, YHVH appelle mort ce qui n'est pas connecté à lui. C'est pourquoi les humains, qui vivent avec tous leurs sens, sont des morts ou sont, en d'autres termes, inexistants.

Il y a existence lorsqu'une vie est connectée. Si une machine n'est pas connectée à sa centrale, elle ne peut pas recevoir les informations de sa base. Le voyant lumineux est éteint, et il y a un manquement ou l'inexistence de la machine.

Pour cela, les humains doivent faire preuve de sagesse pour mettre Dieu au centre de leur vie, car ils sont nés au coeur d'une existence connectée, faite de la nature et de tout ce que cela renferme. Aussi, si quelque chose existe avant une naissance, c'est qu'un être a conçu cette chose.

Si les humains ont la profonde sagesse de protéger la valeur ancienne, c'est qu'un être l'a faite. Et si l'univers existe, c'est que cet être est le créateur. Cet être éternel a besoin que ses œuvres lui reviennent en leur état initial de propreté. Ainsi, les envoyés en état de maturité et de netteté sont des êtres existants appelés enfants de Dieu. Ils sont donc connectés.

Le Seigneur Joshua, qui connaît ce principe, se prévaut du titre de fils unique du créateur. Concernant les Messies, ils communiquent directement avec Dieu, et dominent le monde physique et spirituel. Ce sont des Dieux parfaits.

LE DISCERNEMENT

Toute la relation avec Dieu repose sur ce principe, qui doit être considéré comme un élément essentiel pour communiquer avec le monde spirituel. La question est de savoir avec lequel des esprits on communique. Le monde spirituel, qui demeure jusqu'à présent invisible et impénétrable pour beaucoup, fait des humains des êtres inférieurs. Ils sont inférieurs en communication, dans leurs mouvements ou leurs faits et gestes, et notamment inférieurs au niveau de la vision car cet organe d'identification est inactif. La race humaine demeure donc majoritairement éloignée de la connaissance. Imaginons que les êtres humains fonctionnent sans l'aide extérieure des esprits. Ils ne sauront rien d'autre que ce que leur propre existence leur offre du monde physique, et ils ignoreront l'existence du monde spirituel.

Et, puisque l'homme n'est pas périssable en tant que personne spirituelle, il doit évoluer vers son créateur, pour établir une relation entre le monde physique et spirituel, en s'appuyant sur la dualité humaine. Dans ce cas, la connaissance n'en demeure pas moins un aspect de la vie physique ou spirituelle. L'état originel de l'homme étant spirituel, si la connaissance n'était que physique, la race humaine serait en proie à une profonde crise de mésintelligence. Mais si le chien connaît la maison de son maître, a priori les humains ne connaîtront point leur divin créateur !

Les esprits viennent vers les humains et établissent une communication. Or, pour y parvenir, ils facilitent l'ouverture de leurs sens qui sont fermés pour la plupart des personnes et ouverts pour certains. La question n'est pas de voir, mais de savoir lequel des esprits facilite la vue, même celle acquise à la naissance ?

Puis si l'on voit, il faut se poser la question de quoi, comment et à quelle portée ?

Je vois quoi ?

Il est possible de voir tout ce que l'entour a de pur ou d'impur. Puisque l'homme est l'incarnation du mal, tous ses sens sont impurs depuis le sein de sa mère jusqu'à sa mort, à moins qu'il ne se repente. Du reste, un tel être souillé de nature ne verra que les choses impures avec ses yeux impurs. S'il voit une chose pure, il enfreint les lois de la vie et peut être aveuglé par l'esprit saint, qui l'empêchera de voir la pureté car son état est impur.

Je vois comment ?

On voit quand ce sens est ouvert, tout comme ses yeux physiques. Mais cette vision qui voit tout reste occasionnelle, ce qui signifie qu'elle n'est active que lorsque la personne est face à un danger, un objet ou un être voulant communiquer. Elle diffère en ce sens de la vision permanente, qui n'existe pas chez les humains physiques, puisque l'homme, soumis à une dualité, se partage entre sa nature physique et sa nature spirituelle. Si la vision est permanente, il doit manifester son pouvoir dans l'unique monde pour établir l'équilibre avec soi. Et si l'on ne voyait que dans une dimension spirituelle, sa durée de vie serait courte. Il serait déconnecté du monde physique. La vision serait donc plus occasionnelle que permanente. Aussi, l'homme fait surtout le choix d'un monde physique pour être rationnel, c'est-à-dire que tantôt il voit, tantôt il ne voit rien. Si l'on ne peut pas vivre avec une vision permanente dans le monde physique, les esprits ne peuvent vivre avec une vision permanente dans le monde spirituel. Un esprit qui regarde l'homme voit la personne spirituelle, mais il ne s'intéresse pas à son corps de chair, qui n'est qu'un abri n'ayant pas de vie sans l'âme. Pareillement, celui qui voit l'intérieur ne voit-il pas l'extérieur ? Celui qui voit la sève à l'intérieur de l'arbre ne voit-il pas l'arbre lui-même ?

Notons qu'il est plus intéressé par la sève que par l'arbre, qui est un abri pour celle-ci. Il est semblable à celui qui sort de son corps et le corps de chair est en repos, sans vie, tandis que le corps spirituel est parti et détient la vie. C'est la raison du rapprochement des esprits vers l'homme pour lui permettre de manipuler le physique et à l'esprit de manipuler le spirituel. Il est possible qu'un esprit atteigne et manipule le physique, mais il lui faut augmenter sa capacité d'accumulation d'énergie et son pouvoir de transformation pour y parvenir. C'est un processus de longue haleine. En effet, le corps spirituel est dans le corps physique, et tous les sens et les membres spirituels sont placés au même endroit que les membres physiques. Chaque élément est donc à sa place. Pour celui qui a un membre amputé, cela ne veut pas dire que le corps spirituel l'est aussi. Pourtant il est possible d'amputer le membre d'un corps spirituel. Dans le monde spirituel, ceux qui ont fait du vagabondage sexuel lorsqu'ils étaient sur la terre, ont été amputés de leur sexe, soit de moitié soit du quart. Quoi qu'il en soit, le membre qui a servi au Mal est mutilé. Voila pourquoi la Bible nous recommande de ne point faire le Mal. Ceux qui n'ont pas servi Dieu et qui ont perdu leur temps sur la terre à vivre avec le Mal, ou qui se sont attachés à des choses impures, paient pour leurs actes. Le prostitué est par exemple jeté dans le camp des prostitués et passera le reste de sa vie éternelle à faire l'amour. En tous les cas, ce que l'on fait de son quotidien ou l'acte dominant son quotidien, se poursuit aussi après la mort.

Je vois à quelle portée ?

Le voyant est un être limité, qu'il soit saint ou pas. Dans le monde, il y a ceux qui voient à un mètre, à mille mètres ou à l'infini ; cette dernière portée appartenant à Dieu seul. Nul ne la possède, même un esprit dans un corps de chair. De plus, la portée de la vision est égale à la hauteur de sa force afin de faire face à l'adversité.

Ceux qui possèdent une portée de dix mille mètres ont bien évidemment plus de force que leurs semblables à courte portée. Ils sont semblables à une arme de longue portée dont l'impact dépasse les courtes portées. Quelle que soit la portée de la vision, le corps spirituel dans la chair ne peut voir seul. Il lui faut un être supérieur connecté, qui lui fournit suffisamment d'énergie. C'est un esprit protecteur et la portée de la vision est occasionnellement transmise en intégralité. Et disposer d'une longue portée visuelle ne veut pas dire qu'il voit tout, car le monde est vaste et étrange. Il est semblable à celui qui découvre de l'or, mais qui ne voit pas ses composants symétriquement. Ainsi, si le vent est visible, les composants restent invisibles. De ce fait, certaines parties de la création demeurent invisibles et Dieu modifie le temps et le climat selon les périodes et indépendamment de sa volonté. Les humains se plaignent alors de problèmes climatiques car leur vision est courte.

Ils ne regardent leur univers qu'en surface. Quant à YHVH, il modifie le temps et planifie les circonstances. Les luminaires sont pénétrables et malléables. Le fils de l'homme devient Dieu-parfait. En outre, les analyses profondes fondées sur le visuel ne sont qu'une vision courte ou longue, pure ou impure. La problématique se situe au niveau de la source. L'homme impur et l'homme pur ont des visions parallèles, mais avec des sources différentes. L'un travaille pour le Mal et l'autre pour le Bien. Si le Mal sauve des vies, il est un mal. Face à ce constat, discerner n'est rien d'autre que communiquer. Il n'y a pas une autre formule pour connaître un esprit bon ou mauvais. Le monde est organisé physiquement et spirituellement, et l'origine elle-même repose sur quatre choses : la provenance, la destination, le but et l'appellation.

Si la provenance est pure, elle peut être modifiée grâce à sa destination en vue de réaliser le même but.

Ainsi, une chose blanche peut symboliser le Mal et une chose noire le Bien. Dans ce cas, la destination les différencie. L'une viserait à freiner l'excès du Bien ou l'excès du Mal pour des choses ayant la même provenance et le même but. Voilà pourquoi il serait difficile de discerner le caractère de Dieu dans un certain contexte si l'on écarte la communication.

L'appellation en elle seule n'est finalement pas suffisante pour discerner le Bien du Mal.

Il est Dieu, conçu pour éviter l'excès. L'Éternel a créé le mal en s'appuyant sur la dualité intérieure. YHVH déclare avoir rejeté le mal depuis la création, ce qui revient à dire qu'au regard de la dualité, le fonctionnement de la vie doit être basé sur un choix comme le créateur lui-même a fait un choix de vie. Il choisit le Bien, dont le caractère est la sainteté.

Mais comment la domination du mal est-elle arrivée ?

Après la création, nos premiers ancêtres étaient face à leur destin, partagés entre le bien et le mal. Dieu, pour leur indiquer le meilleur choix, leur a imposé un commandement. « Vous ne mangerez point le fruit de l'arbre de la connaissance du Bien et du mal », leur a-t-il dit.

Mais Adam et Ève avaient-ils conscience des conséquences de leurs actes s'ils violaient la loi ? Si tel est le cas, ils auraient résisté à la tentation, mais c'est parce que leur immaturité était insuffisante pour comprendre qu'ils se sont trouvés face à une lourde responsabilité et que l'avenir de l'humanité reposait sur eux. Pour les éprouver, le mal s'est détaché pour tenter nos ancêtres. Il se sert d'un besoin ultime, le rapport sexuel, qui constitue l'objet par lequel l'homme doit reproduire son semblable.

Le mal qui vint vers nos ancêtres s'appelle Satan, ce qui signifie excès du Mal. Et comme toute tentation a un prix, leur acte est la conséquence du règne du mal. Adam et Ève n'ont pas résisté à l'action mal et le monde tombe dans le Mal. Comme l'action est mauvaise, tout ce qui émane de ce monde l'est aussi, tout comme si l'acte paraît bon, il est mauvais.

Enfin, ils ont offert le monde au Mal dont la reprise va durer une éternité, de même que les enfants d'Israël ont vécu quarante années en esclavage a cause de l'offrande non effectué intégralement par Abraham.

Une faute spirituelle est lourde de conséquences. La race humaine doit donc assumer cette responsabilité, qu'importe la durée.

Le cas de Lucifer :

« Tu ne peux rien me faire qui ne te soit donné par le haut, » dit Joshua.

À partir de là, on comprend que cet Archange n'agit pas de son plein gré quand il s'agit de la vie des fils de Dieu. Il y a sûrement été autorisé par celui qui est au-dessus de lui, le même qui tenta nos ancêtres et qui serait lui-même semblable à la chose tentée. Ainsi, à chaque fois qu'une tentation survient, c'est lui qui sera envoyé pour poursuivre le mal.

Sinon comment un système peut-il triompher devant l'omniscience de Dieu ? Si une chose doit obliger Dieu, c'est la désobéissance ou bien l'échec d'une mission ou d'une tentation, dont le succès devrait conduire à un système durable.

Puisque le premier né s'est allié au mal, le second fils deviendra l'incarnation du Bien, et Joshua le premier né du Bien. Il est aimé par son créateur car il a fait un choix identique à celui de son Père, l'exercice du Bien.

Dès lors que nous connaissons l'origine de Satan, nous ne pouvons en aucun cas le condamner, car seul le Père en a la compétence. Mais la race humaine a la responsabilité de se séparer de Satan. Pour y arriver, il est essentiel de connaître le Père et le système qui doit primer, les deux origines qui forment la dualité Bien et Mal dans un ensemble.

Dieu, à l'origine de cette dualité, ne s'exécute pas simultanément. Le premier qui se détache va jusqu'au bout de son objectif et s'arrête, pendant que l'autre ne se déclenche que pour réparer l'excès du premier ou tout simplement pour représenter l'objectif sous un autre aspect. Mais celui à qui la chose est destinée doit discerner et prendre ce qui est bon.

L'EMPRISONNEMENT DU MAL
*****

« Satan sera jeté en prison », affirme YHVH. Dans ce texte, il ne parle pas de Lucifer mais de Satan. Cet esprit non permanent est conçu pour faire le Mal. Il s'agit de l'acte abominable qui cessera de fonctionner avec tous les esprits qui y ont pris part. Tous auront un prix à payer, car le poids de la punition est proportionnel à l'acte.

LA TENTATION
*****

Qui est tenté ?
C'est celui qui fait usage du Bien et, dans ce cas-ci, le tentateur serait le mal. Lorsqu'il vient, le Bien s'écarte pour laisser le mal opérer. Si la personne tentée ne réussit pas cet examen, le mal l'envahit au lieu du Bien. Il produit pour le mal. Mais le mal en lui ne reflète pas le Mal notoire, si ce n'est l'excès du mal. Toute personne peut donc faire cesser en lui l'exercice du mal par la renonciation.

Il faut souligner que l'on est tenté par ce que l'on attend de recevoir. Joshua en est l'exemple typique. Après un jeûne, il refusa le pain de Satan, non seulement car il était souillé mais aussi car il faciliterait l'entrée de Satan en lui. Pour lui, il était insensé de dire qu'il allait en manger et qu'il se repentirait après, car derrière tout acte se trouve un esprit.

LE BIEN ORIGINEL

Puisque le choix de nos premiers ancêtres diffère de celui de Dieu, le monde va se développer autour du mal pour le Mal. Il est un monde où le Bien est moins réactif, et où toute la création conçue l'a été pour faire le mal. Au lieu de rebrousser chemin, il poursuit sa sale besogne en ne laissant que très peu de place au Bien. C'est la raison de la souffrance des fidèles de Dieu en quête du Bien. Il est extrêmement difficile pour eux d'arriver à leurs fins, ce qui conduit beaucoup à tricher en associant le mal au bien. Ils violent la loi céleste. « Tu n'ajouteras rien », dit la Bible.

Le mot ajouté ici ne définit pas l'association de deux éléments, mais leur séparation. Car il n'y a point d'association entre le Bien et le mal ou entre l'impur et le pur. C'est l'un ou l'autre.
Alors toute l'histoire biblique reposera sur le rachat pour construire le monde sur la base du Bien.
Celui qui est honoré par les parents est celui qui remplit leurs vœux, de même que les croyants doivent réjouir le cœur d'YHVH, leur Père, en comprenant son but et en suivant ses envoyés. L'univers est mien, dit-il.